D1523960

MEMORIAS
Infancia, adolescencia, y cómo se hace un escritor

colección andanzas

Libros de Adolfo Bioy Casares
en Tusquets Editores

ADOLFO BIOY CASARES
MEMORIAS
Infancia, adolescencia,
y cómo se hace un escritor

Con la colaboración de
Marcelo Pichon Rivière y
Cristina Castro Cranwell

TUSQUETS
EDITORES

1.ª edición: abril 1994
2.ª edición: octubre 1994

Diseño de la colección: Guillemot-Navares
Reservados todos los derechos de esta edición para
Tusquets Editores, S.A. - Iradier, 24, bajos - 08017 Barcelona
ISBN: 84-7223-420-7
Depósito legal: B. 13.938-1994
Fotocomposición: Foinsa - Passatge Gaiolà, 13-15 - 08013 Barcelona
Impreso sobre papel Offset-F. Crudo de Leizarán, S.A. - Guipúzcoa
Libergraf, S.L. - Constitución, 19 - 08014 Barcelona
Impreso en España

Indice

Historia de mi familia

Historia de mis libros

1

Soy descendiente de estancieros por los dos lados. Cuando yo era chico, de los campos de mi abuelo, Vicente L. Casares, quedaba San Martín, en el partido de Cañuelas. Mi otro abuelo, Juan Bautista Bioy, dejó a su muerte una estancia a cada hijo. Algunos la perdieron; dos o tres se suicidaron. Fueron, casi todos, buenos ejemplos de la segunda generación: gente inteligente, culta, honesta, aficionada a las mejores cosas de la vida. Recordándolos alguna vez pensé que los herederos son para la sociedad los ángeles que, según me contaron, vierten el agua del cielo sobre los atribulados pobladores del purgatorio.

Temprano, caballos y perros se vincularon a mi vida. A los tres años mi juego predilecto era imaginar que yo era un caballo; comí pasto y mi familia me volvió a la realidad con una medicina repugnante. El sabor horrible era ingrediente necesario de los remedios de la época.

En el campo, anduve a caballo desde muy chico: primero, sentado delante de mi padre, en su caballo el *Cuervo;* después montando un gateado, medio petiso, que mi padre llevaba del cabestro. Una mañana nos disgustamos y cada cual se fue por su lado. Esta vez, la de mi primer galope, fue la de mi primera caída; después, durante años, todos los días caí. En realidad andaba a caballo bastante bien, y mi amigo Coria, un gaucho joven, que me parecía viejo, me invitaba a correr liebres, a saltar zanjas y lo que se ofreciera.

En una rifa gané una petisa colorada, a la que llamaron *La Suerte*. Algún día, refiriéndome a *La Suerte*, dije «mi petisa». Mi padre me corrigió: «No la llames tuya hasta que la domes». Poco después me hizo creer que yo la había domado. Entonces creí esto y así lo conté a mucha gente. Ahora me pregunto si mi padre no inventó esa proeza mía, para darme fe y quitarme el miedo. Creí que la había domado, porque mi padre me lo decía; los chicos son crédulos y respetuosos de la autoridad; pero también tienen buena memoria y la verdad es que yo nunca recordé los corcovos de *La Suerte*.

Después del gateado y de *La Suerte*, tuve un petiso alazán, del Rincón de López, que me regaló mi tía Juana Sáenz Valiente, y después un caballo overo rosado, *El Gaucho*, con el que gané numerosas carreras cuadreras. Yo sabía de memoria algunas estrofas del *Fausto* de Estanislao del Campo, que empieza:

En un overo rosa'o
flete nuevo y parejito

y estaba orgulloso de tener un overo rosado, pero notaba que mi satisfacción parecía inexplicable a los paisanos que preferían siempre los pelos oscuros. Por lo menos en el cuartel séptimo del partido de Las Flores daban la razón a Rafael Hernández, quien se burló de Estanislao del Campo, por suponer que el overo rosado fuera un pelo prestigioso.

También tuve una sucesión de perros. Como en la vida todo se da en pares, el primer perro lo gané en una rifa. Me habían llevado al cine Grand Splendid y ahí gané un pomerania lanudo, de color té con leche, llamado *Gabriel* (hasta hoy el nombre *Gabriel* me sugiere ese color). Al día siguiente, el perro no estaba en casa. Me dijeron que lo había soñado. Sospecho que esto debió de ser falso, porque mi recuerdo del episodio del perro y de la rifa no se parecen a los recuerdos de un sueño. No volví a hablar del asunto con mis padres. Hicieron cuanto les fue posible para que yo no tuviera perros, pero al final se resignaron.

Otro episodio, amargamente cómico, y para mí doloroso, ocurrió con un bull-dog llamado *Firpo*, en honor del boxeador. Como todo bull-dog, parecía feroz y babeaba. El pobre *Firpo*, uno de los perros más fieles que tuve, soportaba mal mis ausencias y, buscándome, recorría la casa y echaba babas. Mi madre, que detestaba los perros y temía la rabia, de un día para otro lo hizo desaparecer. A lo largo de la vida, *Firpo* se me apareció en sueños, que más de una vez me dieron la ilusión de haberlo recuperado.

Los sueños fueron siempre para mí muy reales: la parte de la realidad correspondiente a la noche. A lo mejor eso empezó cuando mis padres me dijeron que había soñado al perro *Gabriel*.

2

Cuando yo era chico, mi madre me contaba cuentos de animales que se alejaban de la madriguera, corrían peligro y, luego de penosas dificultades, volvían a la madriguera y a la seguridad. En dos casas de campo, en la de Pardo y en la de Vicente Casares, mientras me preparaban el baño (recuerdo el ruido del agua, que al principio salía a borbotones), mi padre me recitaba fábulas de Samaniego, de Iriarte, de La Fontaine y muchos poemas. Recuerdo:

¡Ah Rosas! No se puede reverenciar a Mayo
sin arrojarte eterna, terrible maldición.
....
Y mientras tus hermanos al pie del Chimborazo
sus altaneras frentes vestían de laurel
al viento la melena, jugando con el lazo
por la desierta pampa llevabas tu corcel...

de «A Rosas» de Mármol. Desde luego, «vestían la frente» no está demasiado bien y «caballo», en nuestro país ecuestre, es una palabra querida, in-

sustituible por «corcel», que nos parece barata-
mente poética y poco menos que extranjera; pero
hay que admitir que Mármol, como después Lugones, escribía con todo el idioma. Además, los
versos tienen un envión que por lo menos templa
el alma de un aspirante a viejo unitario, como yo.

De Florencio Balcarce mi padre me recitaba el
un tanto machacón «Cigarro», del que recuerdo:

> Pero ¿qué es la gloria? Nada;
> es el humo de un cigarro.

El poema me atraía por su tono de sabio des-
encanto y por los cigarros, cuyo aroma me gustaba,
y quizá también por los dorados anillos de papel
que tenían y por un instrumento metálico con
el que los recortaban y por el gris azulado de
las cenizas. Algunos tíos Casares los fumaban; con
respeto yo contemplaba la ceremonia de recor-
tar el extremo que se lleva a la boca, romper el
anillito de papel, encender y dar unas primeras bo-
canadas probatorias. En cuanto al estribillo —con
variaciones, pero nunca desprovisto de la palabra
cigarro—, era una novedad, que yo veía apreciati-
vamente, como adquisiciones y pertrechos para mi
viaje hacia el conocimiento.

Bastantes años después, ya a los dieciocho o
diecinueve, leí un texto en prosa con estribillo. Era
un cuento de Schnitzler, autor al que llegué por
recomendación de mi tía Juana Sáenz Valiente. Se

titulaba *La señorita Elsa* y refería la dramática historia de una muchacha que se llevaba un desengaño. En diversos momentos de la composición se repite el texto de un telegrama, no recuerdo por qué, muy patético, y que consistía en las palabras: «La dirección sigue siendo Fiala». El final de la historia está vivamente rubricado por una escena en que la señorita Elsa, envuelta en un tapado de piel, lentamente baja por una escalera al salón donde hay una fiesta y, cuando todos la miran, abre el tapado, quizá lo deja caer, y se muestra desnuda. Admiré mucho esta escena final y la insistencia de la dirección que seguía siendo Fiala, hasta que conté la historia a Silvina y descubrí en ella una sonrisa irónica.

De Domínguez, mi padre me recitaba «El ombú», del que sólo recuerdo, como todo el mundo (¿o ya nadie?), la estrofa:

> Cada comarca en la tierra
> tiene un rasgo prominente:
> el Brasil, su sol ardiente,
> minas de plata el Perú,
> Montevideo, su cerro,
> Buenos Aires, patria hermosa,
> tiene la pampa grandiosa,
> la pampa tiene el ombú.

«Buenos Aires, patria hermosa», halaga mi patrioterismo porteño. También recuerdo, como todo el mundo (¿o ya nadie?), la parodia:

Cada comarca en la tierra
tiene un rasgo prominente
y el Brasil anda caliente
con las minas del Perú.

En cuanto al árbol del título, el ombú, que sería el rasgo prominente de la pampa, en mi llanísimo pago de Pardo, es un rasgo un tanto encogido, porque las heladas lo queman. Por aquel tiempo la circunstancia fue perturbadora para mí. Ansioso antes de conocerlo, recibí al ombú como árbol patrio y poco después vine a enterarme de que en la sección de la pampa que me tocaba en suerte, y por eso para mí la más auténtica, había pocos y los que había eran enclenques. No me alegraba que ese árbol prestigioso fuera propio de la zona cálida.

Todavía con emoción recuerdo los versos «A mi bandera» de Juan Chassaing:

Página eterna de Argentina gloria,
melancólica imagen de la patria,
núcleo de inmenso amor desconocido...

Poco supe de Chassaing, salvo que nació en Buenos Aires, en 1838. En el sur de Francia, en Cagnes-sur-Mer, conocí a un farmacéutico de ese nombre. No tenía noticia de que parientes suyos, en el siglo XIX, hubieran emigrado al Río de la Plata.

De don Bartolomé Mitre, mi padre me recitaba:

> ¿Dónde están los camaradas
> del Cerrito y Ayacucho,
> que mordían el cartucho
> con indomable valor?

El poema «El inválido» trata de un viejo soldado que peleó en las guerras de la independencia y que cruzó los Andes con San Martín y que finalmente pide limosna. Su historia fue uno de los primeros estímulos que me llevó a sentir la vida como una confusa aventura, con peligros tremendos, pero con momentos maravillosos. El cartucho mordido también me atraía porque me gustaba el olor a pólvora. Pude ser un cazador. La primera vez que pusieron en mis manos una escopeta, acerté el tiro y maté una cotorra. El envanecimiento por mi puntería (ignoraba que el cartucho contenía perdigones que se difundían con el disparo) me despreocupó del destino de esa pobre cotorra. Las escopetas, por ciertos dibujos laterales, en relieve, me gustaban. Personas que yo quería y admiraba salían a cazar. Algunas veces acompañé en esto a mi padre, a Vicente Casares y a Federico

Madero, pero muy pronto empecé a desear que erraran el tiro y que la perdiz o la liebre apuntada se salvara. No en vano mi madre me había contado historias de animales que a duras penas se salvaban de peligros y regresaban con felicidad a la madriguera.

Como tantos argentinos de mi tiempo, recuerdo las primeras décimas del *Fausto* de Estanislao del Campo. Por años creí que «el Bragado» era un misterioso adjetivo; en el poema también se habla de un gaucho «de apelativo Laguna»; para mí, en aquel tiempo, la palabra «apelativo» carecía de significado, pero en materia de lagunas me sentía seguro, porque hay bastantes en la zona de Pardo. Estas circunstanciales ignorancias no me impedían apreciar el poema. Me gustaba mucho que en él se hablara de un caballo llamado *Zafiro*.

> En un overo rosa'o
> flete nuevo y parejito
> caía al bajo, al trotecito
> y lindamente senta'o
> un paisano del Braga'o
> de apelativo Laguna
> mozo jinetazo ¡ahijuna!
> como creo que no hay otro,
> capaz de llevar un potro
> a sofrenarlo en la luna.
>
> Ah criollo, si parecía,

pega'o en el animal
que aunque era medio bagual
a la rienda obedecía,
de suerte que se creería
ser no sólo arrocina'o,
sino también del reca'o,
de alguna moza pueblera.
¡Ah Cristo, quién lo tuviera!
¡Lindo el overo rosa'o!

Quizá valga la pena aclarar que «flete» es caballo y «bagual», redomón o potro a medio domar. Esta sustitución de «caballo» por «flete», desde luego es inofensiva, por ser «flete» palabra gaucha, no de tradición ajena como «corcel».

Creo que no estuve errado en recordar el comienzo de ese poema y en olvidar la confusa trama que movió al poeta a escribirlo.

Con exaltación, e imaginando los potreros del fondo del campo de Pardo, que se me antojaban vivamente agrestes, oía a mi padre recitar los versos de Ascasubi sobre el malón:

Pero al invadir la indiada
se siente porque a la fija
del campo la sabandija
juye adelante, asustada,
y envueltos en la manguiada
vienen perros cimarrones,
zorros, avestruces, liones,

gamas, liebres y venaos
y cruzan atribulaos
por entre las poblaciones.
....
Y atrás de esa madriguera
que los salvajes espantan
campo ajuera se levantan
como nubes, polvaredas
preñadas todas enteras
de pampas demelenaos
que al trote largo apuraos
sobre sus potros tendidos
cargan pegando alaridos
y en media luna formaos.

Estos versos traían a mi padre recuerdos de miedos que pasó en su infancia en Pardo, en noches en que al oír el zumbido del viento en las casuarinas se preguntaba si no sería el rumor de un todavía lejano malón que avanzaba sobre la estancia. En el Rincón Viejo alguna vez acamparon los indios y es fama que el Retiro, que está en Tapalqué, pero a no más de cinco leguas de distancia, soportó malones.

3

Mi padre me recitó el *Martín Fierro* parcialmente muchas tardes, que reunidas lo completaban y me familiarizaron con el poema. La historia de Martín Fierro me atraía y me apenaba, pero el episodio con los negros me disgustó siempre. Mi compasión la tenían la negra y el negro; en ese episodio Fierro se me reveló como un bravucón ferozmente sanguinario, sin clemencia ni sentido de lo que es justo; es verdad que yo no podía menos que sentir por él algún respeto, cuando oía los versos que siguen a la derrota y muerte del negro:

> Limpié el facón en los pastos,
> desaté mi redomón,
> monté despacio y salí
> al tranco pa el cañadón.

En la pelea con el gaucho fanfarrón, que lo llama «cuñao», por cierto estuve siempre del lado de Fierro, que es el agredido. Los versos que refieren la pelea son impecables:

Y ya salimos trenzaos
porque el hombre no era lerdo,
mas como el tino no pierdo,
y soy medio ligerón
lo dejé mostrando el cebo
de un revés con el facón.

Quiero recordar aquí unos versos, de cuando
Fierro estuvo entre los indios, que son los predi-
lectos de Silvina:

Había un gringuito cautivo
que siempre hablaba del barco
y lo ahogaron en un charco
por causante de la peste.
Tenía los ojos celestes
como potrillito zarco.

Años después, Borges me hizo conocer piezas
breves de Ascasubi, tan memorables como «La re-
falosa» y como «El saludo de un soldado oriental
a su bravo coronel don Marcelino Sosa»:

Mi coronel Marcelino
valeroso guerrillero
oriental pecho de acero
y corazón diamantino.

También Borges solía citar animosamente:

Vaya un cielito rabioso
cosa linda en ciertos casos
en que anda el hombre ganoso
de divertirse a balazos.

Y también:

Otra vez con la victoria
se alzó la correntinada.
Ah, pueblo leal y patriota
que no se duebla con nada.

A mí siempre me causó gracia el «Brindis» a
Castelar, que Ascasubi le hizo en París, en 1867:

Señores, mucha salú
le deseo a Castelar
y no volverle a prestar
ni el güeso de un caracú.

4

Quizá para evitar una desavenencia con mi abuela, quien aparentemente era muy religiosa, a los seis o siete años me mandaron por las tardes a un convento de monjas, para que me prepararan para la primera comunión. Me tocó en suerte una monja cetrina y fea, que afirmaba que la corteza de este mundo era frágil como la cáscara de un huevo y que, en cualquier momento, un demonio la quebraría para agarrarnos de una pierna y hundirnos en el infierno: sótano tenebroso que no tenía salida. Ilustraba las descripciones la monja con aterradoras láminas, en blanco y negro, de un catecismo de gran formato.

Con mi amigo Drago Mitre concluimos el día de la primera comunión con un partido de pelota contra la pared del fondo de la casa. Sin parar de jugar, conversábamos. Drago, convencido de que yo pensaba como él, se refirió al cielo y al infierno como embustes de las monjas. Me sentí aliviado. Ese partido de pelota fue un momento importante de mi vida.

Por aquellos años, en el cuarto de vestir de mi

madre había un espejo veneciano, de tres cuerpos, enmarcado en madera verdosa, con rositas rojas. Para mí, entonces, era un objeto que ejercía fascinación, porque en él, nítidamente, todo se multiplicaba muchas veces. Me atraían la limpidez del vidrio, de los bordes biselados, verdes, y la profunda y nítida perspectiva de imágenes. Fue mi primer y preferido ejemplo de lo fantástico, pues en él uno veía —nada es tan persuasivo como la vista— algo inexistente: la sucesiva, vertiginosa repetición del cuarto. Una agradable visión del más allá me daba una triple fotografía de mi abuelo, Vicente L. Casares, que había muerto antes de que yo naciera; se lo veía sentado a una blanca mesa de jardín, a un tiempo en tres lugares: en el centro (cara al fotógrafo) y a cada lado, como si desdoblado triplemente, mantuviera consigo mismo una conversación risueña. Me deslumbraba ese misterio fotográfico, me sugería un placentero más allá, pero vinculado con otro desagradable. Si yo decía que tenía ganas de irme con Tatita (así lo llamaban a mi abuelo), el interlocutor se alarmaba y se disgustaba, insistía en que había que vivir aquí. Noté que a muchos muertos los llamaban con diminutivos. Siempre desconfié de los diminutivos, aunque mucha gente me llamaba Adolfito (no, por suerte, mis amigos íntimos).

El día del suicidio de uno de mis tíos vi llorar a mi padre. Horas después, al volver con la niñera de un paseo por la plaza Francia, divisé los caballos

25

negros de un coche fúnebre, que me maravillaron por el brío de su trote. Urgentemente la niñera me tomó de un brazo, me apartó del lugar, me ordenó que no mirara el cortejo. Aquello fue como si me mostraran unos colores admirables que ante mis ojos se transformaron en serpientes. Quizá en ese momento empezó, para mí, el horror de la muerte. Antes, debo admitirlo, los entierros de Victorino de la Plaza y de Pelagio Luna, vicepresidente de la República, en coches fúnebres recubiertos por la bandera argentina, tirados por cuatro caballos Orloff, colmaron mi vanidad. Creo que yo aspiraba a pasearme en un coche como ésos.

5

Aunque mi madre tenía una vida bastante separada de la mía, se sentía y se declaraba muy unida a mí. Como tantas señoras de aquella época, participaba de la vida social y dejaba a su chico con la niñera. Por fortuna yo no estaba tanto con la niñera como con mis amigos. Cuando no íbamos al club KDT, del que éramos asiduos socios, nos reuníamos en casa y pasábamos tardes en mi cuarto de estudio, o en el jardín, que tenía cancha de pelota.

Para elogiar nuestra casa de la avenida Quintana 174, la gente solía emplear la palabra «encanto». A nadie parecía suntuosa y menos que a nadie a mí, que era muy vanidoso y la hubiera preferido con revoque de imitación piedra (menospreciado por mi padre, tal vez a causa de la palabra imitación). La casa era del tipo que los franceses llaman *pavillon de chasse*. Tenía sótano y tres pisos, el tercero en buhardilla, con techo de pizarra. Estaba rodeada de jardín, con una magnolia al frente y un jacarandá muy alto, al fondo. En el barrio, que había sido de quintas, abundaban las casas de terreno espacioso. Por la avenida Quintana, quizá las más importantes fueran la de Menditeguy, la de Balcarce, la de Saavedra Lamas, la del viejo Bermejo, presidente de la Corte, y la de nuestros vecinos contiguos, los Navarro Viola.

El negro Raúl, parado en el medio de la calle, solía bailar y hacer piruetas para que los chicos le tiraran monedas. Aunque esto parece indicar que no corría riesgo de ser atropellado, por la calle pasaban no pocos automóviles, coches y carros; también los tranvías 10, 15, 38, que, al doblar en Cinco Esquinas y acelerar después, levantaban con sus ruedas y rieles una suerte de quejido que me resultaba particularmente lastimero las noches en que mis padres salían. También frente a casa pasaban coches fúnebres tirados por cuatro caballos renegridos y seguidos de renegridos coupés. No por nada Quintana se llamó antes la calle Larga de la Recoleta. A ciertas horas, seguida de boyero y ternero, una vaca recorría el barrio para que la ordeñaran, si alguien pedía leche fresca. El tambo estaba en la calle Montevideo, entre avenida Alvear y Quintana. En esta última, entre Montevideo y Rodríguez Peña, había una caballeriza. Fardos de pasto, en cubos bien recortados, recubrían hasta el techo las paredes; recuerdo con agrado el olor a pasto y el acompasado cloc, cloc de los cascos en los adoquines. Algo más lejos, por Quintana, entre Rodríguez Peña y Callao, había otra caballeriza, la

28

del Inca. Un pequeño restaurante, frecuentado por cocheros y chóferes, al que yo solía ir con mi amigo Joaquín, el portero de casa, quedaba a mano derecha por Montevideo, antes de llegar a Uruguay. Solíamos sentarnos a la mesa de don Pedro, el portero de los Navarro Viola. Allá oí el famoso diálogo:

Don Pedro (solemne): Un *fricandeau* con huevos.
Mozo: ¿Con agua o con soda, don Pedro?
Don Pedro (solemne): Con soda.

Don Pedro era francés, gordo, bajito, de gran cabeza rapada, de cara roja, de voz aguardentosa.

En la esquina de Vicente López y Montevideo esperé ansiosamente los diarios, una madrugada de 1924, en la que me enteraría con incredulidad y desolación de que Luis Angel Firpo había sido derrotado por Jack Dempsey, por el título de campeón del mundo, en Polo Grounds, en Nueva York. En *La vuelta al día en ochenta mundos*, Cortázar cuenta que también para él esa derrota fue dolorosa.

La casa de Borges, algo parecida a la nuestra, quedaba también en Quintana, poco más allá de Montevideo. En aquel tiempo yo no conocía a Borges.

El automóvil de mis padres, por lo menos el primero que tuvieron, no halagaba mi vanidad. Era un Renault de dos cilindros. El chófer, un criollo,

le confió a mi padre que algunos colegas, para burlarse, le decían:

Ha de ser familia fulera
porque tiene cafetera.

El ruido de cafetera era perfectamente audible
al subir la barranca, en curva, de la avenida Alvear.
Por conversaciones con los chóferes y por afición
espontánea yo admiraba los Hispano Suiza, los Cadillac, los Packard, los Lincoln, los Pearce Arrow,
los Isotta Fraschini, los Minerva, los Delage, los
Delonais-Belville, que veía por las calles.

6

Creo que en 1917 pasamos una primera temporada en Cacheuta. Mi madre debió de convencer a mi padre de que ensayara las aguas termales, por si lo mejoraban del lumbago. Sé que fuimos allá tres veces; la última, probablemente, en el 21.

Cacheuta me deparó grandes novedades: un hotel (yo todavía no había entrado en ninguno), una pileta de natación, que no era a cielo abierto, y las montañas. Tenía el hotel una suerte de explanada de conchilla, sobre el río Mendoza, que era un torrente, y del otro lado del río, una montaña a pique, parda y desnuda. Así eran los Andes en Cacheuta. En mi imaginación quedaron como la idea platónica de montaña. Las del Brasil y las sierras de Córdoba me parecieron de calidad inferior, por estar cubiertas de árboles.

El hotel era grande. De su pileta interior recuerdo mármoles, mosaicos, humedad y luz eléctrica. En el bar solía haber señores en traje de brin blanco, que descansaban en sillones de mimbre, entre palmeras en macetas de cobre. Los frescos de las paredes del comedor, que representaban a caballeros y damas paseando por explanadas de otras ciudades termales, estimulaban mi imaginación. También la estimulaban los animales embalsamados que había en un pasillo, entre dos salones: un gran cóndor, con las alas abiertas, y un puma. El personal del hotel me aseguraba que en la zona abundaban esos animales prestigiosos. Me daba íntima satisfacción convivir con ellos, sin aparente peligro. En excursiones por la montaña visitamos grutas donde el guía nos mostraba pisadas de puma. Desde entonces he soñado con escribir historias donde conviven animales feroces, que sugieren épocas bárbaras, y frívolos turistas de nuestro tiempo; finalmente lo hice en «El héroe de las mujeres».

En cuanto a la ferocidad del torrente, quedó probada. Llegó el día —ya lejano—, en que el río Mendoza arrasó con el hotel.

En fotografías de esa temporada en Cacheuta, veo a señores en traje de calle. Uno solo hay de traje blanco, de brin, Marco Aurelio Avellaneda, de quien recuerdo la voz nasal, temblorosa, caprina y más imperfectamente, su ameno anecdotario político. Mi padre y un amigo suyo, el francés Sánchez Elía, en algunas fotos llevan sacos moderadamente deportivos y pantalón blanco. Las mujeres tienen sombrero. Hay fotografías tomadas de noche, en el restaurante del hotel, en que las mujeres llevan vestidos escotados, y los hombres, traje de *smoking*.

Quizá en esas visitas a Cacheuta se originó mi agrado por las termas. Probablemente la primera causa fue mi predilección por el agua. Nada me gustaba tanto. La primera imagen que acude a mi memoria cuando pienso en el agua, es la de llegar, agradablemente cansado y congestionado, al sombrío antecomedor de la estancia, después de haber andado a caballo a pleno sol por el campo tendido de San Martín, en Cañuelas. Yo entonces tomaba de la heladera alguna jarra de agua muy fría, que vertía en vasos de vidrio verde o azul y bebía a grandes tragos. La idea de la curación por el agua me deslumbraba como una posibilidad espléndida y el ocio de las termas me parecía gratísimo. Jamás uní la idea de ocio a la de tedio: un estado de ánimo que apenas conozco. Por escéptico que me haya vuelto sobre las virtudes curativas de las aguas, sigo siendo partidario de las termas, porque las veo como un alto en el ajetreado camino del vivir; un alto que en ocasiones es propicio para el pensamiento y la imaginación. Mi padre, que cargó con la cruz del lumbago durante toda la vida, descreía de las termas y no sentía por ellas la menor atracción. Por mi parte aproveché un interminable lumbago del 71 y del 72, para probar las virtudes curativas de las aguas de Aix-les-Bains, en la Saboya francesa. Desde mi marginación por el lumbago, con sus largas tardes en consultorios y sanatorios, supuse que la frivolidad lujosa de Aix-les-Bains me levantaría el ánimo. Me encontré con una ciudad termal cuyos visitantes eran viejos y viejas a quienes el seguro social francés pagaba la cura. La frivolidad y el lujo eran leyendas de un pasado previo a la segunda guerra mundial del que sólo quedaban restos en la memoria de viejos como yo. Fui feliz en Aix; la vida cotidiana, allá como en otras partes, me divirtió y me estimuló. Gracias a las termas conocí la Saboya, una de las regiones más hermosas de Francia, lo que es mucho decir.

7

Joaquín, el portero de casa, era un español acriollado, un muchacho de Buenos Aires. Se peinaba para atrás, con gomina, tenía buenas camisas, le gustaban las mujeres. Una mañana, cuando yo miraba la vidriera de una juguetería, Joaquín me dijo:

— Ya sos hombre. No te interesan los juguetes. Te interesan las mujeres.

Para presentármelas, me llevó a la sección vermouth, a las seis y media de la tarde, de un teatro de revistas. Probablemente influido por la vidriera anterior, recuerdo ese primer escenario, con las bataclanas alineadas, como una vidriera deslumbrante. Fuimos a teatros de revistas casi todas las tardes. Mi madre se enteró. Dejó ver su disgusto, pero nos perdonó, sin por eso dejar de reprocharnos el ocultamiento.

Yo era un chico; vistas desde abajo, desde las primeras plateas, las mujeres semidesnudas, carnosas, blancas, me parecieron enormes y lindísimas. A pesar de las seguridades que me daba Joaquín, no dudaba de que estaban muy por encima

35

de mi capacidad. La convicción me duró algunos años. Cuando me enamoré perdidamente de Haydée Bozán, una de las Treinta Caras Bonitas del Porteño, no pude impedir que los nervios menguaran mi inteligencia, aumentaran mi torpeza. Un día la esperé a la salida de la sección vermouth. Tal vez Haydée Bozán descubrió que yo era un chico disfrazado. Lo cierto es que desde entonces mis llamados telefónicos obtuvieron siempre la misma respuesta. La señorita Haydée había salido. Un día me creí con suerte, porque ella atendió el teléfono. Recuerdo que me dijo:

— Vocabulice, m'hijito, vocabulice.

La perturbación, que me llevaba a hablar con la boca abierta, no me ocultó la circunstancia de que Haydée me había puesto en mi lugar.

Cincuenta y tantos años después, entré un día en una galería de la calle Santa Fe y leí en la puerta de vidrio de un local una inscripción que me produjo un leve sobresalto: PERFUMES HAYDÉE BOZÁN. Adentro, dos señoras conversaban. Me dirigí a la de pelo negro, una señora de aspecto agradable, a la que en modo alguno correspondía el calificativo de vieja. Me pareció más menuda, eso sí, de lo que en el recuerdo era la corista que me fascinó.

— ¿Usted es Haydée Bozán? —pregunté.

— Sí —contestó.

— Entré para decirle que hace años estuve profundamente enamorado de usted. La conocí en el

Porteño, cuando era una de las Treinta Caras Bonitas.

— Ustedes tienen que hablar de cosas lindas —observó la otra señora—. Los voy a dejar.

Por mi parte referí a Haydée algún pormenor de nuestro fugaz encuentro y ulteriores conversaciones, omitiendo, por cierto, la circunstancia de que ella me había tratado con rigor. Tuve, además, que sortear una dificultad que no había previsto. En mi recuerdo Haydée Bozán era una mujer y yo, un chico. Si dejaba entender esto, estaría diciéndole que era más vieja que el viejo que le hablaba. Eso no podía gustarle y, por otra parte, era injusto, ya que ahora, según toda apariencia, ella era más joven que yo; nadie le daría más de sesenta años. Hice un cálculo mental. A juzgar por su resultado, Haydée fue bataclana en el Porteño a los seis años. Me dije que no valía la pena aclarar con ella el asunto.

Me aseguró que recordaba todo perfectamente.

— Ahora me acuerdo de usted —exclamó complacida—. De usted y de su barrita.

Comprendí que el recuerdo de Haydée no me correspondía, porque nunca me acerqué a ella acompañado de otros. En mi vida con las mujeres actué siempre solo. La excepción fue una tarde en que Drago, los hermanos Menditeguy y yo fuimos al cine Myriam y concluimos en un departamento de la calle Sarmiento, sucesivamente entre los brazos de una chica llamada La Negra.

Haydée me dijo que ella había sido feliz y que todavía lo era, aunque a veces tenía preocupaciones de salud. Vivía en Buenos Aires, pero pasaba los fines de semana, cuidando rosales, en una quinta que tenían en las afueras con su hermana Helena. A lo largo de la vida la acompañó un gran amor, pero nunca quiso casarse, para no sentir que buscaba algo más que el cariño que recibía. Ahora estaba un poco arrepentida, porque el hombre murió y a ella le hubiera gustado llevar su apellido.

8

Después de mi frustrado amor por Haydée Bozán, volví a mis amigas del barrio. Me recibieron
bien, pero cada una tenía su novio de turno. María
Luisa, Mari y Ercilia Villoldo hablaron entre ellas
y se propusieron encontrar una chica para mí. Así
conocí a Martita, que vivía en una casa de inqui-
linato, en Quintana, poco antes de llegar a Junín,
probablemente donde ahora está el restaurante La
Biela. Martita era muy linda, muy blanca, un poco
desvaída, de tez apenas rosada, de ojos celestes,
claros, rubia. También me pareció boba y sospecho que ella no pensó mejor de mí. Quizá los dos
fuéramos tímidos y nos sintiéramos cohibidos de
tener que llevar nuestra relación sentimental en
público.*

Esta situación me indujo a probar la suerte con
otra corista del Porteño, mi teatro preferido. La
muchacha, si mal no recuerdo, se llamaba Perlotti.
Era graciosa, segura de sí misma, zafada para

---

* El público al que me refiero eran las amigas comunes que nos habían
presentado.

hablar. Me aseguró que tiraríamos manteca al techo, expresión que hasta entonces yo no había
oído. Aunque no estaba muy seguro de entender
lo que esperaba de mí, temí defraudarla y, como
ante Haydée, pero en esta ocasión no dominado
por el amor, me sentí un poco bobo.

Una tarde fui a buscarla después de la sección
vermouth.

En el vestíbulo del teatro me dije que esa noche yo era uno de esos hombres envidiables y afor-
tunados, de que había oído hablar, que esperan a
una artista. De pronto apareció Martita y, por algo
que dijo, comprendí que también ella esperaba a
la Perlotti. Como ya había aprendido a no hacer
preguntas —la realidad, si uno espera un poco, se
encarga de las respuestas— callé, me creí astuto y
me encaminé con mis dos amigas hasta el coche
de mi madre, un La Salle cabriolé que para la ocasión yo había sustraído de casa. Con alguna sorpresa vi que las dos amigas se metían en el asiento
de atrás. Como antes de salir de Corrientes pude
comprender que preferían estar juntas, las dejé en
una casa de la calle Estados Unidos. De este modo
concluyeron mis amores con mujeres de teatro,
gente grande para mí, y volví a las amigas del
barrio.

Uno de mis primeros amores (yo tenía once
años, más o menos) fue Madelaine, la gobernanta.
Una muchacha francesa, rubia, dorada. Mi con-
discípulo Enrique Ibarguren, un día que nos reu-

nimos en casa para celebrar el fin de las clases, me dijo: «Qué linda es». Como un personaje de película cómica, o como Boswell, cuando se enteró de que las damas turinesas no eran difíciles, traté de conquistarla inmediatamente. Lo conseguí. Hubiera debido comprender entonces algo que durante años no comprendí del todo: que hombres y mujeres queremos lo mismo.

En esa época, las noches en que mi madre salía, yo me atormentaba pensando que no volvería a verla. Con la intención de hacerme pasar de la pesadumbre a la risa, una noche Joaquín apareció en mi cuarto, disfrazado de mujer, con un vestido de gran escote y un sombrero negro, de alas anchas. Aunque reconocí a mi compañero de tantas tardes en la fila cero de teatros de revistas, no pude reprimir el espanto. Creo que a esas horas y vestido así, el pobre Joaquín asustaba a cualquiera. Muchos años después lo recordé al ver una película de Hitchcock, *Psicosis*, donde el criminal aparece disfrazado de su madre muerta.

9

Los primeros diez o doce veranos de mi vida los pasamos en el campo; después empezamos a ir a Mar del Plata. Mi madre, que allá no perdía una función, me aseguraba que el cine era malsano para los chicos. Me hizo creer —siempre manejó bien mis esnobismos— que sentado en la oscuridad me convertiría en un niño pálido, tan gordo como débil, lo que era una desventaja, porque en la sociedad de los chicos rige la ley de la selva y los fuertes llevan una vida más tranquila. Yo me cuidaba mucho de ir al cine y, entre las seis y las ocho, extrañaba ansiosamente a mi madre. Solía esperarla a la salida del Palace o del Splendid, los dos cines de la rambla. Me refiero a la rambla vieja, no la más vieja de madera, sino a una Art Nouveau. Era un edificio bastante lindo, quizá muy lindo, y un poco ruinoso. Yo sabía a qué cine había ido mi madre, pero si no la divisaba en seguida en la multitud, me entraba el temor de que hubiera ido al otro cine y de no encontrarla más. Todos los días de mi vida yo temía perderla. Debía de estar un poco loco. Después vinieron las mujeres y me salvaron de angustias y temores.

Progresivamente me aficioné a las películas, me convertí en espectador asiduo y ahora pienso que la sala de un cinematógrafo es el lugar que yo elegiría para esperar el fin del mundo.

Por muchas de las cosas que más he querido, al principio sentí rechazo: el cine, París, Londres, Mar del Plata. Mi primer recuerdo de Mar del Plata es de un cuarto grande, sin muebles, donde yo estaba triste, con el cuerpo destemplado y oía soplar el viento.

Me enamoré, simultánea o sucesivamente, de las actrices de cine Louise Brooks, Marie Prévost, Dorothy Mackcay, Marion Davis, Evelyn Brent y Anna May Wong.

De estos amores imposibles, el que tuve por Louise Brooks fue el más vivo, el más desdichado. ¡Me disgustaba tanto creer que nunca la conocería! Peor aún, que nunca volvería a verla. Esto, precisamente, fue lo que sucedió. Después de tres o cuatro películas, en que la vi embelesado, Louise Brooks desapareció de las pantallas de Buenos Aires. Sentí esa desaparición, primero, como un desgarramiento; después, como una derrota personal. Debía admitir que si Louise Brooks hubiera gustado al público, no hubiera desaparecido. La verdad (o lo que yo sentía) es que no sólo pasó inadvertida por el gran público, sino también por las personas que yo conocía. Si concedían que era linda —más bien, «bonitilla»—, lamentaban que fuera mala actriz; si encontraban que era una actriz inteligente, lamentaban que no fuera más bella. Como ante la derrota de Firpo, comprobé que la realidad y yo no estábamos de acuerdo.

Muchos años después, en París, vi una película (creo que de Jessua) en que el héroe, como yo (cuando estaba por escribir *Corazón de payaso*, uno de mis primeros intentos literarios), incontenible- mente echaba todo a la broma y, de ese modo, se hacía odiar por la mujer querida. El personaje tenía otro parecido conmigo: admiraba a Louise Brooks. Desde entonces, en mi país y en otros, encuentro continuas pruebas de esa admiración, y también pruebas de que la actriz las merecía. En el *New Yorker* y en los *Cahiers du cinéma* leí artículos sobre ella, admirativos e inteligentes. Leí, asimismo, *Lulú en Hollywood*, un divertido libro de recuerdos, es- crito por Louise Brooks.

En el 73 o en el 75, mi amigo Edgardo Co- zarinsky me citó una tarde en un café de la Place de L'Alma, en París, para que conociera a una mu- chacha que haría el papel de Louise Brooks en un filme en preparación. Yo era el experto que debía decirle si la muchacha era aceptable o no para el papel. Le dije que sí, no solamente para ayudar a la posible actriz. Es claro que si me hubieran he- cho la pregunta en tiempos de mi angustiosa pa- sión, quizá la respuesta hubiera sido distinta. Para mí, entonces, nadie se parecía a Louise Brooks.

De Marion Davis, a quien en la pantalla encontraba muy atractiva y graciosa, me enteré después que, por ser la amante de Hearst y porque él la imponía en los estudios, fue maltratada por los críticos. Quizá tuvieran razón; no sé qué pensaría si viera ahora las películas en que ella actuó; por lo demás no me asombraría que los críticos carecieran de la agilidad mental necesaria para descubrir méritos, aunque los hubiese, en la amante de un personaje poderoso y quizá grosero. De todos modos, en algún momento, sentí que Marion Davis era otra prueba de que el consenso y yo no estábamos de acuerdo.

Evelyn Brent era morena, según creo (la vi solamente en películas en blanco y negro), y de grandes ojos. Trabajaba con George Bancroft en filmes del bajo fondo de Nueva York y de Chicago, como *La batida* y *La ley del hampa*. Uno de los muchos motivos que tuvimos con Borges para ser amigos fue la compartida predilección por las películas de Bancroft y por Evelyn Brent.

En cuanto a Anna May Wong, era china y no creo que fuera el exotismo lo que en ella me atraía.

10

Solíamos pasar largas temporadas en el campo, desde fines de la primavera hasta principios del otoño. En enero —mes de la feria judicial— nos quedábamos en la estancia paterna, el Rincón Viejo, partido de Las Flores; los otros meses en San Martín, Vicente Casares, partido de Cañuelas, la estancia de mi abuela materna. Como desde allí había un buen servicio de trenes con Buenos Aires, mi padre viajaba todos los días en el tren matutino y volvía al fin de la tarde. Ibamos a buscarlo a la estación. En ese mismo tren vespertino viajaba Vega, el comisionista que por una ventana del vagón nos alcanzaba nuestros encargos y seguía viaje a Cañuelas.

En las dos estancias fui feliz, aunque más, según una convicción íntima, en la de Pardo. En San Martín, un campo manejado como empresa, abundaban las limitaciones y las prohibiciones y, además, había un primo con quien a veces tuve encontronazos. En el Rincón Viejo, una estancia criolla, manejada con alguna soltura, estaba solo, quiero decir sin compañeros de mi edad. Ahí aprendí a andar a caballo y, con un gaucho llamado Coria, salía todas las tardes a correr liebres, con los perros *Foch, Tunca* y *Sirenita*. En Vicente Casares había primos y primas, y siempre ocurría algo. Me enamoré allá de María Inés, mi prima, con la que pasaba las tardes jugando entre los árboles. Tuve un amor renovado todos los veranos, con una chica llamada Marcelita, que debajo de una glorieta de laureles me reveló la topografía del cuerpo femenino y me pidió que la besara en la parte más secreta. Me aseguró que con los chicos y las chicas de un tambero llamado Capitán «hacían de todo» y que, si yo la quería a ella, no debía acercarme a esas chicas. Cuando ganó un concurso de belleza por el que se convirtió en Miss Cañuelas, partió a Buenos Aires y tuvo amores con mi primo Vicente y con Guillermo, el factótum de mi tío Justiniano. Su hermana Sara, la hermana honesta, se casó con un empleado de La Martona, que la golpeaba; se divorció, trabajó de mucama de barcos y nunca dejó de ser pobre. Marcela se casó con un ingeniero y de vez en cuando me la encuentro, envuelta en pieles de visón. Siempre me dice que la llame en horas en que no está en casa el marido. Es rica y feliz. Una sola vez nos acostamos. Me dijo: «Qué mal cogés». Yo estaba muy nervioso.

Me enamoré también de otra prima, Hersilita, alta, de ojos verdes, con finuras y redondeces de odalisca, que una tarde, a la hora de la siesta, en que sobrellevaba el calor con los pies descalzos sobre los azulejos de un corredor de la casa, me dijo: «Démos una vuelta». La llevé en el auto de mis padres, por un camino que serpenteaba debajo de grandes áceres entrecruzados. Hersilita me besó con la boca abierta. Me faltó decisión, retomé la marcha y nos encontramos con mi tío Justiniano, que venía a pie desde su casa y que nos habló severamente, como si viera lo que sentíamos. Nos dijo: «Basta de pavadas. Llévenme a la estancia». Fuimos siempre muy amigos con Hersilita, pero ya nunca me hizo caso. Me dejó sentir que el episodio no había ocurrido.

Mi padre, muy conocedor de la gente y de las cosas del campo, tal vez no fuera un excelente administrador. El Rincón Viejo, poblado de hacienda, provocaba más gastos que ganancias. Mi madre pensó que íbamos a arruinarnos y le dijo a mi padre que arrendara el campo. Durante los quince años en que el Rincón Viejo estuvo arrendado, lo extrañé como un paraíso perdido.

El arrendatario fue el viejo capataz de mi abuelo, un bearnés duro, pero no desprovisto de picardía, de cara colorada y ojos como impávidas piedritas verdes, que miraba al interlocutor con una sonrisa irónica, incrédula, de disentimiento. Cuando estaba con personas a quienes quería expresar respeto (por ejemplo, mi madre), para no cometer la descortesía de quedarse callado, daba un paso para atrás y otro para adelante, abría y cerraba los brazos y repetía en voz apenas audible: «La puta, carajo, la puta, carajo». Al morir dejó varias casas de comercio y miles de hectáreas en propiedad o en arrendamiento.

Otras pruebas de que la situación social y económica de la gente por aquella época, y por lo menos en aquella zona de campos bajos y más bien pobres, era móvil, no me faltaron. Había señores que llegaron desde Buenos Aires y en pocos años se convirtieron en gauchos, tuvieron que vender los campos y vivieron arruinados. Otros se enriquecieron. Un gallego que empezó a trabajar como vendedor ambulante de baratijas y de billetes de lotería, al morir dejó veinte mil hectáreas propias y veinte mil arrendadas. Vivió siempre en un cuarto de piso de tierra apisonada, del hotel del pueblo. Su único ropero fue el baúl de pinotea que tenía debajo del catre. En Las Flores había otro hombre rico, *self made man*, que a lo largo de su vida reunió más de medio centenar de estancias a las que cambiaba el nombre por un número.

11

En mi infancia leí la historia de Pinocho, el muñeco de madera que vivía, pensaba y sentía como un ser humano. No sólo la leí en el libro de Collodi, su inventor, sino también en una serie de la editorial Calleja, de autor no declarado, Salvador Bertolozzi, un madrileño que la continuó y que, por lo menos para el chico que fui, escribió las mejores aventuras de Pinocho. Todavía recuerdo el acopio de provisiones y los preparativos para el viaje a la Luna. El más íntimo encanto de la aventura nos llega en la enunciación de las circunstancias domésticas que la rodean.

Creo que los primeros libros que me regalaron fueron *La isla del tesoro* de Stevenson y *Las minas del rey Salomón* de Rider Haggard. Para un cumpleaños me los dio mi primo Juan Bautista (el Cabito) Bioy.

Mi prima María Inés Casares admiraba las novelas de Gyp, una escritora francesa considerada bastante audaz para la época. La palabra Gyp me pareció nítida y luminosa como un rubí; resolví que los libros de la autora con ese nombre me gustaban y me largué a comprarlos a la librería Espiasse, en las primeras cuadras de Florida. Me esperaba una sorpresa: Espiasse no quiso venderme todas las novelas que elegí. Hasta entonces yo lo había mirado con afecto, porque se tuteaba con mi padre (habían sido condiscípulos en el colegio San José), y cuando fui a su librería como cliente, me negaba libros y movía la cabeza repitiendo: «No son para chicos». El pobre Espiasse tomó una actitud paternal que me resultó insólita, porque mis padres me trataban, o me hacían creer que me trataban, como a un adulto y porque en materia de libros me habían persuadido de que lo único importante era que fuesen buenos. Espiasse se avino, sin embargo, a que me llevara *Petit Bob*, que en el acto se convirtió en mi novela predilecta, aunque no me provocó nunca ganas de leerla hasta el final.

Esto confirma quizá mi sospecha de que la práctica de la lectura a casi nadie se le da complacientemente. Sospecho a veces que los escritores vivimos de libros que los llamados lectores compran para coleccionar. Acaso por falta de ánimo para conformar la conducta a las convicciones, escribí siempre para que me lean. En descargo de los lectores que no leen, recuerdo lo que dijo el doctor Johnson: «La mayor parte de los libros son tan repulsivos que en seguida desaniman al lector mejor dispuesto». Sin embargo debería uno recordar que si no lee, pierde irremisiblemente uno de los más gratos prodigios de este mundo.

Después de leer unas pocas páginas, las ganas que yo sentía ante la novela de Gyp eran, sobre todo, las de plagiarla; no quería reproducir la historia, sino el tono o, más bien el «espíritu», pues no escribiría sobre un chico, sino sobre chicas, que me atraían y me interesaban. Además quería realmente plagiar el aspecto físico del volumen: formato, color (rojo oscuro), tipografía; y por mucho que me afanara, mi novela de *Iris y Margarita* se parecía más a cualquiera de mis cuadernos que al libro de Gyp. Me desanimé y la abandoné al promediar el segundo o tercer capítulo. Alguna vez dije que escribí esas páginas para enamorar a mi prima. Las escribí porque estaba enamorado de ella.

Ese amor no fue correspondido. Un día descubrí que María Inés me tenía lástima y cariñosamente se reía de mí con otra de mis primas, Hersilita (de la que me enamoré después). Mi reacción fue escribir un libro para convencerla de mi amor por ella, de la riqueza de mi alma y de mi dolor. Se titularía *Corazón de payaso*, y consistiría, como ya lo dije, en la lacrimógena historia de un chico que, dominado por el afán de echar todo a la broma, se vuelve odioso para la persona que quiere.

Esta propensión de valerme de recursos literarios en momentos de ansiedad me asombra retrospectivamente un poco, porque siempre creí que fui un chico deportivo, que pasaba las tardes jugando al fútbol, al rugby, al tenis, haciendo atletismo o boxeando. Soñaba con ser un campeón.

Por aquellos años yo quería arremeter contra la vanidad porque había descubierto que es incompatible con la dicha. Ultimamente releí las maravillosas *Liaisons dangereuses* de Laclos y, con satisfacción, comprobé que éste había hecho el mismo descubrimiento. A la marquesa de Merteuil le hace decir: «*Où nous conduit pourtant la vanité! Le Sage a bien raison, quand il dit qu'elle est l'ennemie du bonheur*».*

Con mis amigos Enrique Drago Mitre y Julio y Carlos Menditeguy, que eran también mis compañeros en el club de deportes, redactamos una revista, *El Batitú*, que alcanzó uno o dos números y una tirada de no menos de cuatro ejemplares dactilografiados. Entre los redactores, Drago era el mejor humorista.

En 1928 escribí *Vanidad o una aventura terrorífica*, relato de misterio que, luego de sugerir una explicación fantástica, se resuelve mediante la investigación policial. En el libro que publiqué al año siguiente dije: «*Vanidad o una aventura terrorífica* es un cuento de miedo, en el que se nota la influencia de Conan Doyle, de Gaston Leroux, de Maurice Leblanc, autores que todavía no había

* «¡Adónde nos lleva la vanidad! Mucha razón tiene el Sabio cuando dice que es enemiga de la dicha.»

leído, pero que conocía a través del vidrio de aumento de la imaginación». Desde luego, quería decir que los conocía de oídas, pero la expresión me parecía demasiado vulgar para un escritor. Frangollé *Vanidad* al correr de la pluma y de la máquina, ya que Drago escribía con la Underwood las páginas que yo despachaba a mano.

En 1929 escribí cuentos, reflexiones y una comedia brevísima, que leyeron mi padre y un profesor de literatura. Mi padre me preguntó si no quería publicar un libro con esos textos. Recuerdo que los corrigió un poco y que en la editorial o imprenta Biblos, de la calle Sarmiento, pagó la edición: trescientos pesos por trescientos ejemplares en octavo, de ciento veintisiete páginas de papel pluma, que todavía no se descosieron.

No bien ojeó el tomito, el profesor reparó en las correcciones y ásperamente me culpó de falta de coraje para defender mi texto. Concedí poca importancia a esas palabras. Yo creía, y sigo creyendo, que el autor debe anteponer la obra al amor propio, de modo que si descarta correcciones atinadas, porque le llegaron de mano ajena, es un necio. En cuanto a la proposición de mi padre, de que publicara el libro, y al hecho de llevarme a la imprenta, los atribuyo al deseo de verme contento, pero también al deseo de estimular una inclinación decorosa y tal vez a la secreta voluntad de evitarme nostalgias como la que él sentía por novelas y comedias planeadas en la juventud y definitivamente postergadas. Hacia el fin de su vida compuso dos admirables libros de recuerdos: *Antes del 900* y *Años de mocedad*. Murió cuando preparaba un *Libro tercero*.

Hasta 1932 trabajé en una vasta novela sobre la vida y peripecias de un voluntarioso inmigrante español que habría «hecho la América» en nuestro país. Al cabo de quinientas setenta páginas abandoné el proyecto. En una nota preliminar escribí: «Este monstruo es hijo de un monstruo de cuatro caras: don Francisco Rodríguez Marín, James Joyce, *El Alma que Canta* (una revista que publicaba letras de tangos) y *Zaratustra*». Años después una amiga pasó a máquina el manuscrito. Lo titulé *Inauguración del espanto*, tomando en broma y a la tremenda el largo período 1929-1940, de libros que no concluí y de libros que no debí publicar.

En 1933, cuando tuve listo un libro de cuentos, *17 disparos contra lo porvenir*, no sabía a quién ofrecerlo para su publicación. Por último lo llevé a Torrendell, el dueño de la editorial Tor, muy notoria en esos días por anuncios del lanzamiento simultáneo de los diez primeros títulos de su nueva colección Cometa. Secretamente yo aspiraba a que mi libro apareciera en esa colección, que reunía a escritores prestigiosos (o por lo menos a escritores «de verdad», no como yo...). Torrendell me escuchó con aparente atención, no contradijo ninguna ponderación de méritos ni vaticinios de éxito y cuando callé me preguntó qué me parecía si incluía mi libro en una colección que acababa de lanzar... «¿En Cometa?», pregunté con un hilo de voz. «En Cometa», me contestó. Desde entonces recordé admirado el talento de viajante de comercio que desplegué en la oportunidad. En conversaciones y por escrito repetidamente conté el episodio. Es probable que la vanidad me moviera a hacerlo (por más que enfatizara la circunstancia de que nunca volvería a dar pruebas de aquel talento). Sea como fuere, conté el episodio muchas veces y gracias a eso no se me olvidó la conversación que tuve con mi padre, poco antes de mi visita a la editorial. Cuando comenté que me gustaría que el libro apareciera en la colección Cometa, de la editorial Tor, mi padre me dijo: «¿Por qué no vas a ver a Torrendell? Tal vez lo convenzas. No es mala persona».

Ahora advierto hasta qué punto parece increíble que un editor aceptara sin leer el libro de un escritor de diecinueve años, desconocido y que prefería ocultarse tras un seudónimo; ahora no me caben dudas de que mi padre pagó la edición. Lo cierto es que nunca me lo dijo y que yo nunca se lo agradecí. ¿Habrá pensado, como yo pienso, que su hijo no malició la verdad por ser demasiado vanidoso y demasiado ingenuo? De nada de esto podría felicitarse, pero sí de los efectos de su generosa estratagema. Si yo he sido feliz en la vida, alguna parte habrá que acordar a mi manera de ser, pero estoy convencido que por lo menos otro tanto debo a la profesión de escribir, a la que tengo por la mejor de todas.

17 disparos contra lo porvenir logró críticas benignas y ventas aceptables. El título bromea sobre las consecuencias, para la reputación del autor, de los diecisiete cuentos que propone, y con pedantería echa mano del artículo neutro, exigido por el padre Mir, en su *Prontuario de hispanismo y barbarismo*, para pasado, presente, porvenir y futuro.

En 1934 llevé a la librería y editorial Viau y Zona un copioso volumen de cuentos, titulado *Caos*. Abundaban en él, como en el librito anterior, las transcripciones o paráfrasis de sueños. Tal vez por el rumor de que *17 disparos* se vendió bien y a lo mejor porque el desventurado Zona creía un poco en mí (yo era cliente de la librería; habíamos conversado muchas veces), publicaron el libro sin haberlo leído. Se arrepintieron. Creo que las lecturas de las críticas y, finalmente, de los cuentos (procaces, más desagradables que escandalosos) los desengañó. *La Nación* publicó una nota condenatoria; un crítico de algún otro diario me aconsejó que alejado de la literatura «plantara papas». Hubo gente —mujeres por lo general— que trató de confortarme con cartas de desagravio, pero yo para entonces me había pasado al bando de los detractores. En mi presencia Enrique Larreta dijo a mi madre, con desparpajo, sin agresividad y en ese tono suyo, intencionadamente hispánico:

«A todas luces el autor se halla en pleno aquelarre glandular». Yo sabía que mi aquelarre no era glandular, sino literario.

Influido por Joyce, por Apollinaire, por Cocteau, por Miró, por Azorín, por críticos y expositores de la literatura contemporánea, por el libro *Ismos* de Ramón Gómez de la Serna, escribí una novela incomprensible, tediosa, deliberadamente literaria, en el sentido más pedante y estéril del término, que titulé *La nueva tormenta o la vida múltiple de Juan Ruteno*. La publiqué en 1935.

Del 36 es *La estatua casera*, breve miscelánea de cuentos, de sueños, de poemas y de reflexiones; del 37, *Luis Greve, muerto*, que incluía, entre otros cuentos, «Cómo perdí la vista» y el que lleva el título del libro, reescritos años después, con la misma idea, pero con diversos argumentos, situaciones, personajes y con los títulos «La sierva ajena» y «Los milagros no se recuperan». Cuando empecé a escribir *La invención de Morel* me propuse que *Luis Greve, muerto* fuera el último de mis libros malos. Esos libros desmentían el precepto de mi madre de que la voluntad todo lo puede. O por lo menos sugerían el agregado de «pero sola no basta».

La adolescencia fue para mí una verdadera iniciación en derrotas. Por esos años los amores desdichados tendieron a convertirse en costumbre.

Particularmente doloroso fue el de Susana, una chica que me gustaba mucho y que una tarde increíble, desde el balcón de la casa de enfrente, me citó por señas en la esquina. Después de vernos un tiempo me dejó, porque se aburría conmigo. Es fama que se fugó de su casa con un chófer de uniforme, en el pescante de un inmenso Cadillac, de capot plateado.

Tuve otras pruebas de no ser tan despabilado y popular como imaginaba. En el colegio caí mal a dos o tres profesores que desde el principio me trataron sin la menor simpatía. Más triste aún fue encontrar los límites, aparentemente infranqueables, de mi capacidad de entender, que yo suponía ilimitada. No comprendía el álgebra, tal vez porque falté los primeros días a clase y nadie me explicó cómo sumar, restar, multiplicar, dividir, con letras en lugar de números. Me hallé indefenso ante los interrogatorios y escarnios del profesor de álgebra, que propuso un teorema y me pidió que pasara al frente y que lo resolviera en el pizarrón. Ahí estuve, tiza en mano, balbuceando excusas, durante los veinte minutos más largos de mi vida, mientras el profesor exclamaba: «¡Qué talento! ¡Una lumbrera!», y lograba la complicidad de mis condiscípulos, para burlarse de mí. Cuando por fin sonó la campanilla salvadora, el profesor levantó la voz para pedir que me coronaran con un bonete de burro. Nada de esto parece terrible; para un chico es doloroso. La experiencia repercutió en mi mente y en mi ánimo. No sólo tuve malas notas en matemáticas; recuerdo que ni en latín, ni en geografía, ni aun en castellano me iba bien. Como la pesadilla central eran las matemáticas, mis padres recurrieron a un amigo, el profesor Felipe Fernández, para que me diera clases particulares. Fernández vivía en un departamento, en los altos de la calle Catamarca 50. Yo solía encontrarlo tocando el harmonio. Era entrerriano, flaco, de mediana estatura, de frente alta, despejada. Generalmente vestía de saco negro, pantalón de «fantasía» (a rayas), corbata negra, Lavalière. Aunque yo era chico, en seguida comprendí que me encontraba ante un artista que había llevado a su expresión más alta el arte de enseñar. Los teoremas, desarrollados por él, me parecieron hermosos. Todo era tan claro que el discípulo se creía inteligente. Fernández me sacó de la melancolía en que me hundió su colega. Me convirtió en buen estudiante para todas las materias, excelente en matemáticas. Yo hubiera sido matemático si él no hubiera muerto (al menos pienso eso, en su homenaje). Le debo, no me cabe duda, cierta capacidad para exposiciones y explicaciones complejas, como las que requirieron *La invención de Morel* y *Plan de evasión*.

Los otros días, mientras buscaba información sobre mi padre para Ezequiel Gallo, que habló sobre él en la Academia de Ciencias Morales, encontré un librito que reunía cursos y conferencias de La Sorbona, con esta dedicatoria: «Para mis amigos Marta y Adolfo, con un abrazo de Felipe Fernández, París, 1919», y la indicación de que leyeran las palabras que Langevin dijo en La Sorbona para presentar a Einstein. El librito incluye también un trabajo de otro amigo de mis padres, el psicólogo George Dumas, que explica las teorías de Freud.

Mientras tanto la imaginación y los sueños me proporcionaban historias que diligentemente yo convertía en páginas que, inéditas o impresas, se transformaban en agobiadoras pruebas de mi incapacidad de lograr una pieza literaria aceptable. Cuando publicaba un nuevo libro, antes de mirar la apenada cara de los amigos, sabía que lo había malogrado; ingratas relecturas me lo demostraban de sobra.

En aquel período de creación continua y desafortunada (aunque no infeliz durante su elaboración) leí y estudié mucho. Leí literatura española, con la intención de abarcarla en la diversidad de sus géneros, desde los comienzos hasta el presente, sin limitarme a los autores y libros más conocidos; literatura argentina, sin excluir formas populares, como las letras de tango y milonga, que seleccionaba en *El Alma que Canta* y en *El Canta Claro*, para una probable antología; literatura francesa, inglesa, norteamericana y rusa; algo de la alemana, de la italiana, de la portuguesa (desde luego, Eça de

Queiroz); literatura griega y latina, algo de la china, de la japonesa, de la persa. Teorías literarias. Versificación, sintaxis, gramática. *The Art of Writing* de Stevenson, *Dealing with Words* de Vernon Lee. Filosofía, lógica, lógica simbólica. Introducciones a las ciencias, clasificaciones de las ciencias, introducción a las matemáticas. La Biblia. San Agustín. Padres de la Iglesia. La relatividad. La cuarta dimensión. Teorías biológicas.

Parece, pues, indudable que yo no escribía mal por negligencia, como caritativamente Borges quiso creer, sino ardiendo en la vocación y consciente de las múltiples teorías, que tal vez no supiera concertar. Recuerdo que para dar mayor intensidad a una escena de amor la escribí mientras oía y volvía a oír *La siesta de un fauno* de Debussy. No me valió de mucho. Evidentemente yo carecía de experiencia, de maduración, sobre todo de sensatez. Mientras despachaba esos libros irremediables, planeaba un arte de escribir y con remordimiento me resignaba a postergarlo, para no interrumpir la continua composición de relatos. No solamente proyectaba ese volumen; escribiría otro sobre los efectos literarios, que sería probablemente una reencarnación de los viejos libros de retórica. Entre mis borradores de entonces todavía guardo los dos manuales, mejor dicho cuadernos, de geometría plana y del espacio. Ya para mí todo desembocaba en un libro.

Cuando imaginé el argumento de *La invención*

de Morel, tomé la decisión de que mis habituales errores no lo malograran. No sabía con claridad cuáles eran; sabía que estaban en mí y que habían estropeado mis libros; si no los identificaba, difícilmente conseguiría eliminarlos. Me pregunté qué posibles errores alentaba la vanidad (porque pensaba que de ella me venían todos los males) y me dije que nunca más volvería a escribir para los críticos y que me comprometía a olvidar para siempre la reconfortante esperanza de leer: «Bioy fue el primero en emplear el término... el procedimiento...». No, no escribiría para mi renombre, sino para el libro que tenía entre manos; para su coherencia y su eficacia. Creo que esta decisión fue favorable.

12

Cuando empecé a estudiar Derecho, sentí que malgastaba tiempo y esfuerzo en algo que no iba a ser la ocupación de mi vida. Irritado buscaba motivos para menospreciar el derecho; quería verlo obsesivamente ocupado en rastrear mezquindades y delitos. No se me ocultaba, sin embargo, que el intento de reglamentar la vida —algo así como ordenar el mar— era una de las grandes aventuras del hombre.

Porque era tímido, porque los nervios me obnubilaban, no podía presentarme ante la mesa examinadora sin haber estudiado intensamente cada una de las materias. Para algunas, como Derecho Internacional Público, tuve que leer muchas veces varios miles de páginas. Para vengarme, ponía comas y demás puntuación en no sé qué tratado de Derecho Internacional en tiempos de guerra civil, compuesto en la más rigurosa *scriptio continua*. O me enfurecía un conocido tratado de Derecho Indiano, cuyo venerado autor se olvidaba de explicar para qué servía la Casa de Contratación de Sevilla, pero señalaba que tenía tres porteros. Y al mismo Vélez Sarfield le enrostraba el haber escrito, en su admirable Código Civil, una frase que según yo opinaba entonces, lo mostraba cegado por la soberbia: «Porque el tiempo, como se sabe, no se cuenta por horas» (inútil negar que Longines, Movado, y toda la relojería suiza piensan lo contrario). Por cierto, en aquella facultad no todo fue ingrato. Hasta hoy recuerdo con cierta nostalgia el Derecho Romano y las clases de Economía Política de Carlos Güiraldes. Llegó la hora en que me convencí de que los seis años de abogacía me alejarían demasiado de mi vocación. Pasé, pues, a la Facultad de Filosofía y Letras, donde me sentí aún más lejos de la literatura. Esta segunda facultad, que me retuvo por unos meses, me dejó un solo buen recuerdo: las conversaciones con Norah Elsa Unía Klein. Cuando resolví abandonar los estudios universitarios, Silvina Ocampo y Borges me respaldaron. Silvina estaba persuadida de que la profesión de escritor es la mejor de todas y Borges me dijo: «Si querés ser escritor, no seas abogado, ni profesor, ni periodista, ni director de revistas literarias, ni editor».

En aquella época, influido probablemente por lo que dice Stuart Mill en su *Autobiografía* sobre el tiempo que se pierde en la vida social, yo soñaba con retirarme a un lugar solitario para leer y escribir. Influido en este punto por Stevenson, pensé en remotas islas del Pacífico que, años después, tendrían progenie en *La invención de Morel* y *Plan de evasión.* Una isla, menos espectacular, más a mano, fue el campo del Rincón Viejo, que mis padres habían dado en arrendamiento. Pensé que el trabajo en ese campo no estorbaría mi trabajo literario y que de paso yo daría a mis padres, a quienes quería mucho, una prueba de que no había dejado la universidad para entregarme al ocio y a la vida disoluta.

Como tenía que ocurrir, la experiencia vivida en esos años en el campo dio origen a un proyecto literario. Quería describir el campo de la provincia de Buenos Aires como un lugar aparentemente benévolo, desprovisto de fieras que permitieran aventuras extraordinarias, pero que poco a poco destruía a sus pobladores. Con perjuicio para la épica, se me presentaban atenuados los rasgos prominentes de la región: la pampa como una llanura con desniveles, aun con lomas; las distancias, desde luego enormes, nunca lo dejan a uno muy lejos de algún pueblo; desde cualquier lugar el horizonte aparece interrumpido por arboledas. Como allí el trabajo suele ser a la intemperie, la gente lleva en la piel huellas del exceso de sol y de viento. El clima, sin embargo, es por lo general benigno. El agua, que se prodiga en arroyos y lagunas, cuando es de napa subterránea, nunca está demasiado lejos. Las hay duras y saladas, que a la larga pueden perjudicar a quienes la beban. En la laguna de los cisnes había un molino que daba un agua salada —la calificaban de «remedio»— muy prestigiosa en la zona. La gente se costeaba de lejos, de Tapalqué, del Azul, de Rauch, de Real Audiencia, con damajuanas, para recogerla. En un laboratorio adonde llevé varias muestras para analizar, me dijeron que todas eran buenas, salvo ésa, que podía provocar a quien la bebiera con frecuencia, cáncer.

Wilde dice que el hombre mata a lo que más quiere. Yo soy un escritor satírico. Me place reírme de lo que más quiero, quizá en un secreto afán de sentir que ese amor es desinteresado, puro. Proyecté, pues, un artículo en el que describiría el campo como erizado de peligros, nada espectaculares, pero sí eficaces para destruir la vida del hombre.

Recuerdo que en una ocasión referí ese proyecto a Guillermo de Torre. Fue aquélla la única vez que un proyecto mío le interesó; se entusiasmó sinceramente y trató de estimularme para que lo escribiera cuanto antes. Muy pronto comprendí el motivo de su entusiasmo: la región que yo iba a describir, la pampa, correspondía a la primera idea que a la gente de otros países sugiere la palabra Argentina. Guillermo tenía no pocas quejas de este país en que le tocó vivir.

Aunque el entusiasmo de Guillermo de Torre me puso en guardia, fue por otros motivos que postergué indefinidamente el proyecto. No sabía cómo llevarlo adelante, si en un ensayo o en un cuento. Desde luego, si lo hubiera escrito, no faltarían lectores que pensaran que yo no quería a esa región o que no me gustaba. La quiero entrañablemente y me gusta.

Yo tiendo a ver el lado cómico de la realidad. Esto ofende a mucha gente y suele crear malentendidos incómodos. No creo que cambie mi conducta literaria. Por lo demás, a los pueblos les conviene reírse un poco de ellos mismos. En lo que más quiero, en lo que más me gusta y también en lo que más me duele, veo el lado cómico. En mis relatos hay personajes y lugares por los que siento simpatía. Mis protagonistas son por lo general gente modesta. Creo imaginarla mejor que a otra gente. No me gusta la soberbia; ni siquiera, el amor propio. Yo diría que dada nuestra índole todos debiéramos ser modestos, aunque admito que para actuar se requiere un poco de ciega soberbia. Me río de las mujeres porque son los seres que más ocupan mi atención y con las que tengo más conflictos. No será porque no las quiero que mi vida ha transcurrido junto a ellas. Jane Austen ha dicho que los demás cometen estupideces para entretenernos y que nosotros las cometemos para entretenerlos. Esta me parece la más compasiva interpretación de la historia.

13

En 1935, con mis amigos Drago Mitre y Ernesto Pissavini, pasamos unos días en el Rincón Viejo. Llevábamos una carpa, por si la casa estuviera inhabitable. Aunque todos los cuartos se llovían, aunque algunos pisos apenas disimulaban enormes hormigueros, pudimos vivir en la casa: es grande, en forma de U, con un patio florido, con un aljibe que años después mi madre suprimió. Realmente, más que una casa es una ristra de casas bajas, de techo de tejas, de dos aguas, que se fueron construyendo a lo largo de los años y de acuerdo a las necesidades de la creciente familia, por un albañil permanente, que mi abuelo había traído de Las Flores. La parte más vieja es anterior a la llegada de mi abuelo. Fue construida en 1837, según mi padre, por mi bisabuelo; según otras personas de mi familia, por algún Pardo. Mi abuelo compró el campo después de 1850 y antes del 60 y desde entonces fue agregando cuartos a la casa, a medida que nacían los hijos: seis varones —siete, uno murió muy pronto— y dos mujeres. El creía que iba a poblar la provincia de Buenos Aires con gente de su nombre. Según entiendo soy el último varón Bioy que hay en el país.

Nuestro arrendatario, aquel bearnés bajito de ojos pequeños, duros, astutos, me entregó el campo. Dando un paso para adelante y otro para atrás, juntando y separando los brazos, me dijo: «Te vas a fundir, como todos los Bioy, la puta carajo. El único que sabía trabajar era tu abuelo, la puta carajo. Seguí mi consejo: poblá el campo con hacienda vacuna. Si le das pasto y agua, te da terneros. La puta carajo».

A una casa de consignaciones de gente amiga encargué un lote de vacas. Cuando las vi en el campo me alegré. Eran Shorton, coloradas, lindísimas, redondas de gordas. Oscar Pardo, un muchacho muy inteligente de la zona, que llevé a trabajar conmigo y fue mi socio y amigo a lo largo de toda la vida, me dio la razón, pero agregó que por suerte podían ser machorras. Comprendí que «por suerte» significaba tal vez y que había sido empleado por cortesía. Como lo advirtió Pardo, todas eran machorras: animales que no se preñan y que hay que vender para carnicería.

Por aquel tiempo no había en campos de la provincia de Buenos Aires más que vacas Shorton, para la carne, y Holando, para la leche. Excepcionalmente veía uno caras blancas Hereford. Las Aberdeen eran raras. Por consejo de Oscar compré vacas negras Aberdeen Angus en la estancia de Fraga, en Lobos. Las compré con bastante aprensión, porque no tenía a Oscar Pardo a mi lado para que me apadrinara. Felizmente las aprobó. Con Oscar fui a caballo a comprar toros a lo de Balda, a unos sesenta kilómetros de nuestro campo. En el día fuimos y volvimos. A la vuelta me senté un rato para descansar. Cuando me levanté, a la hora de la comida, tuve un momentáneo desmayo.

Los gastos del Rincón Viejo eran muchos. Había que poblar el campo. Había que arreglar la casa. Había que comprar aperos y material de labranza. Había que arreglar molinos, tanques, bebederos y alambrados. Mi abuelo, hombre progresista, dividió el campo en más de veinte potreros grandes y chicos. Durante los años de arrendamiento, no se repuso ni un metro de alambrado. Planté muchos árboles. Con el consejo de un técnico, simpático y seguro, recomendado por la Sociedad de Horticultura, planté miles de lamberciances, que se secaron o cayeron volteadas por el viento; por más preparado que sea un hombre, si no conoce el suelo donde trabaja, puede equivocarse.

Para atender todos estos gastos, durante dos o tres años, hicimos con Oscar Pardo negocios de compra y venta de hacienda. Comprábamos en la zona lotes chicos, los mejorábamos un tiempo en el campo y después los vendíamos, siempre con ganancias.

Traté de aprender todos los trabajos rurales. Salí reprobado en todos los que exigían demasiada habilidad, como trazar las melgas con el arado, y en los que exigían demasiada fuerza, como alambrar o cavar hoyos para los postes. Descollé en trabajos simples, que exigían resistencia. Para no ser tenido a menos, me atreví a montar un potro. Después de unos pocos corcovos, que aguanté como pude, el animal se levantó en las patas traseras y se «voleó» (se tiró para atrás, sobre el lomo). Como yo era bastante ágil, salté y caí parado. Me felicitaron. Cuando me preguntaron si quería montar de nuevo, dije que no.

Para comprar o vender hacienda fui muchas veces a remates, ferias y a estancias de la zona. Me alegré de conocer campos de los que había oído hablar en mi casa. Lo que conocía de siempre, se me volvió familiar. Llegué así al Retiro, del señor José Antonio Jurado, una estancia muy linda, muy vieja, con rejas que en alguna época la protegieron de los indios; a la Panchita y a la Media Luna, de los otros dos señores Jurado (uno de ellos fundó una compañía de teléfonos, que por los años veinte funcionaba por lo menos en el cuartel séptimo del partido de Las Flores); a la Andorra, de Colmeyro, famosa por sus perales y por el ánimo pleiteador de su dueño (que algo transformado y con chaleco de fantasía reapareció en mi cuento «El héroe de las mujeres»); a El Tesoro, donde un tío mío encontró alguna vez al propietario, un saboyardo, que estaba cavando y que a modo de disculpa explicó: «*Je cave, je cave, pour contenter les enfants*»; al Candil, de tierras prestigiosas, sobre el arroyo el

Gualicho; a San Nicolás, a la Cubana, al Quemado de Anchorena, que arrendaba y administraba un dirigente radical de apellido Carramasa, de enormes manos suavísimas y muy querido en la zona (también reapareció, algo cambiado, en «El héroe de las mujeres»). Para comprar algún carnero visité no pocas veces impecables estancias inglesas, que me parecían modelos inalcanzables para el Rincón Viejo: la Tomasa, la Cabaña Miramonte, ambas de los Gibson, y, más impecable aún, la Dorita de Garrett; La Infiel de Vidal, cuyo nombre me encantaba, afamada por sus pastos, es verdad, pero sin casco; la de Balda, un criador de toros negros; Chimalauquén, de Bilbao, donde estaba el molino más alto de la provincia, junto al tanque australiano más grande de la provincia (vacío, cuando lo vi), donde había bañaderos de ovejas de mármol blanco y, en las calles del modesto parque, chapas con nombres de calles del Bois de Boulogne; grandes campos, como la Pacífica, algunos con casas importantes, como Curapaytí, de Martínez de Hoz, cuyo nuevo propietario, don Amadeo Duche, le cambió el nombre por un número, creo que el sesenta y tantos.

En el Rincón Viejo leí mucho, escribí todos los días. Leí libros filosóficos de Russell (*El análisis de la mente, La teoría del conocimiento*), la filosofía de Leibniz, obras sobre la relatividad y la cuarta dimensión, libros de lógica y lógica simbólica, de Susan K. Langer y de Susan Stebbing. *La funda-*

mentación de la metafísica de las costumbres de Kant, que dejó huellas en mi conducta, y *La crítica de la razón pura*, a cuyo lado me hubiera gustado fotografiarme. La *Estética* de Hegel, y muchos otros ensayos, cuentos y novelas.

Silvina me acompañaba y me ayudaba a trabajar en la estancia. Las tardes de invierno, junto a la chimenea del comedor, leíamos y escribíamos. Fueron años muy felices pero que también tuvieron su lado malo. Yo había sido un muchacho fuerte, un deportista, sin más percances de salud que resfríos de vez en cuando. En el Rincón Viejo, el paraíso perdido por tantos años y por fin recuperado, empecé a tener dolores de cabeza, fuertes y persistentes. Alguien me explicó que en algunos lugares el entrecruzamiento de capas de tierra de diversa calidad provocan en quienes viven encima enfermedades y aun accidentes. «Por eso», me dijo, «en el campo de aviación de El Palomar hay tantas catástrofes.» Quedé preocupado por la posibilidad de tener debajo de mi queridísima casa de Pardo un maligno entrecruzamiento de tierras.

14

La índole de mi hija Marta puede inducir en errores a quienes la tratan. Es afectuosa y tiene un sentido del humor siempre dispuesto, mejor dicho casi siempre, a echar las cosas a la broma. Cuando no lo hace, puede ser de una dureza adamantina. Para encontrar orígenes hereditarios a este aspecto de su carácter, no debo buscarlo entre los Bioy, sino tal vez en mi madre, Marta Casares, que se distinguía por la firmeza y el coraje.

Cuando pienso en la suerte del Rincón Viejo, me digo que pasó por dos períodos de buena administración: el inicial, de mi abuelo Juan Bautista Bioy, y el actual, de mi hija Marta. En otros momentos no le faltó el amor de los dueños: para mi padre, que nació allá, y para mí, que hubiera querido nacer allá, fue siempre el pedazo más querido de la patria; pero probablemente, defectos de carácter nos impidieron ser buenos administradores. He comprobado que, a lo largo de dos o tres años, Marta aprendió más de campo que yo a lo largo de la vida.

15*

En 1937 mi tío Miguel Casares me encargó que escribiera para La Martona (la lechería de los Casares) un folleto científico, o aparentemente científico, sobre la leche cuajada y el yogur. Me pagarían 16 pesos por página, lo que entonces era un muy buen pago. Le propuse a Borges que lo hiciéramos en colaboración. Escribimos el folleto en el comedor de la estancia, en cuya chimenea crepitaban ramas de eucalipto, bebiendo cacao, hecho con agua y muy cargado.

Aquel folleto significó para mí un valioso aprendizaje; después de su redacción yo era otro escritor, más experimentado y avezado. Toda colaboración con Borges equivalía a años de trabajo.

Intentamos también un soneto enumerativo, en cuyos tercetos, no recuerdo cómo, justificamos el verso

los molinos, los ángeles, las eles,

* Tomado de «Letras y amistad», en *La otra aventura*, Buenos Aires, 1968.

y proyectamos un cuento policial —las ideas eran de Borges— que trataba de un doctor Pretorius, un holandés vasto y suave, director de un colegio, donde por medios hedónicos (juegos obligatorios, música a toda hora), torturaba y mataba a niños. Este argumento es el punto de partida de toda la obra de Bustos Domecq y Suárez Lynch.

Entre tantas conversaciones olvidadas, recuerdo una de esa remota semana en el campo. Yo estaba seguro de que para la creación artística y literaria era indispensable la libertad total, la libertad *idiota* que reclamaba uno de mis autores, y andaba como arrebatado por un manifiesto, leído no sé dónde, que únicamente consistía en la repetición de dos palabras: *Lo nuevo;* de modo que me puse a ponderar la contribución, a las artes y a las letras, del sueño, de la irreflexión, de la locura. Me esperaba una sorpresa. Borges abogaba por el arte deliberado, tomaba partido con Horacio y con los profesores contra mis héroes, los deslumbrantes poetas y pintores de vanguardia. Vivimos ensimismados, poco o nada sabemos de nuestro prójimo y en definitiva nos parecemos a ese librero, amigo de Borges, que durante más de treinta años puntualmente le ofrecía toda nueva biografía de principitos de la casa real inglesa o el tratado más completo sobre la pesca de la trucha. En aquella discusión, Borges me dejó la última palabra y yo atribuí la circunstancia al valor de mis razones, pero al día siguiente, a lo mejor esa noche, me mudé de bando y empecé a descubrir que muchos autores eran menos admirables en sus obras que en las páginas de críticos y de cronistas, y me esforcé en inventar y componer juiciosamente mis relatos.

Por dispares que fuéramos como escritores, la amistad cabía, porque teníamos una compartida pasión por los libros. Tardes y noches hemos conversado de Johnson, de De Quincey, de Stevenson, de literatura fantástica, de argumentos policiales, de *L'illusion comique*, de teorías literarias, de las *contrerimes* de Toulet, de problemas de traducción, de Cervantes, de Lugones, de Góngora y de Quevedo, del soneto, del verso libre, de literatura china, de Macedonio Fernández, de Dunne, del tiempo, de la relatividad, del idealismo, de la *Fantasía metafísica* de Schopenhauer, del neocriol de Xul Solar, de la *Crítica del lenguaje* de Mauthner.

¿Cómo evocar lo que sentí en nuestros diálogos de entonces? Comentados por Borges, los versos, las observaciones críticas, los episodios novelescos de los libros que yo había leído aparecían con una verdad nueva y todo lo que no había leído, como un mundo de aventuras, como el sueño deslumbrante que por momentos la vida misma llega a ser.

En 1936 fundamos la revista *Destiempo*. El título indicaba nuestro anhelo de sustraernos a supersticiones de la época. Objetábamos particularmente la tendencia de algunos críticos a pasar por alto el valor intrínseco de las obras y a demorarse en aspectos folclóricos, telúricos o vinculados a la historia literaria o a las disciplinas y estadísticas sociológicas. Creíamos que los preciosos antecedentes de una escuela eran a veces tan dignos de olvido como las probables, e inevitables, trilogías sobre el gaucho, la modista de clase media, etcétera.

La mañana de septiembre en que salimos de la imprenta de Colombo, en la calle Hortiguera, con el primer número de la revista, Borges propuso, un poco en broma, un poco en serio, que nos fotografiáramos para la historia. Así lo hicimos en una modesta galería de barrio. Tan rápidamente se extravió esa fotografía, que ni siquiera la recuerdo. *Destiempo* reunió en sus páginas a escritores ilustres y llegó al número tres.

En muy diversas tareas he colaborado con Borges: hemos escrito cuentos policiales y fantásticos de intención satírica, guiones para el cinematógrafo, artículos y prólogos; hemos dirigido colecciones de libros, compilado antologías, anotado obras clásicas. Entre los mejores recuerdos de mi vida están las noches en que anotamos *Urn burial*, *Christian Morals* y *Religio Medici* de Sir Thomas Browne y la *Agudeza y arte de ingenio* de Gracián, y aquellas noches, de algún invierno anterior, en que elegimos textos para la *Antología de la literatura fantástica* y tradujimos a Swedenborg, a Poe, a Villier de L'Isle Adam, a Kipling, a Wells, a Beer-bohm. Por su mente despierta, que no cedía a las convenciones, ni a las costumbres, ni a la haraganería, ni al esnobismo, por el caudal de su memoria, por su aptitud para descubrir correspondencias recónditas, pero significativas y auténticas, por su imaginación feliz, por la inagotable energía de la invención, Borges descollaba en la serie completa de tareas literarias.

Todo libro mío de la década de los treinta debió de recordarle que su interlocutor —tan corriente y hasta razonable cuando conversaban— ocultaba a un escritor erróneo, incómodamente fecundo. Con generosidad Borges escribió sobre esos libros, elogiando lo que merecía algún elogio, alentando siempre.

Una tarde de 1939, en las barrancas de San Isidro, Borges, Silvina y yo planeamos un cuento (otro de los que nunca escribiríamos). Ocurría en Francia. El protagonista era un joven literato de provincia a quien había atraído la fama —limitada a los círculos literarios más refinados e intuida por él— de un escritor que había muerto pocos años antes. Laboriosamente el protagonista rastreaba y obtenía las obras del maestro: un discurso, que consistía en una serie de lugares comunes de buen tono y redacción correcta, en elogio de la espada de los académicos, publicado en *plaquette;* una breve monografía, dedicada a la memoria de Nisard, sobre los fragmentos del *Tratado de la lengua latina* de Varrón; una *Corona de sonetos* igualmente fríos por el tema que por la forma. Ante la dificultad de conciliar estas obras, tan descarnadas y yertas, con la fama de su autor, el protagonista iniciaba una investigación. Llegaba al castillo donde el maestro había vivido y por fin lograba acceso a sus papeles. Desenterraba borradores brillantes, irremediablemente truncos. Por último encontraba una lista de prohibiciones, que nosotros anotamos aquella tarde en la ajada sobrecubierta y en las páginas en blanco de un ejemplar de *An Experiment with Time;* de ahí lo transcribo:

En literatura hay que evitar:

— Las curiosidades y paradojas psicológicas: homicidas por benevolencia, suicidas por contento. ¿Quién ignora que psicológicamente todo es posible?

— Las interpretaciones muy sorprendentes de obras y de personajes. La misoginia de Don Juan, etcétera.

— Peculiaridades, complejidades, talentos ocultos de personajes secundarios y aun fugaces. La filosofía de Maritornes. No olvidar que un personaje literario consiste en las palabras que lo describen (Stevenson).

— Parejas de personajes burdamente disímiles: Quijote y Sancho, Sherlock Holmes y Watson.

—Novelas con héroes en pareja. La dificultad del autor consiste en: si aventura una observación sobre un personaje, inventará una simétrica para el otro, abusando de contrastes y lánguidas coincidencias: *Bouvard et Pécuchet*.

—Diferenciación de los personajes por manías. Cf.: Dickens.

—Méritos por novedades y sorpresas: *trickstories*. La busca de lo que todavía no se dijo parece tarea indigna del poeta de una sociedad culta; lectores civilizados no se alegrarán en la descortesía de la sorpresa.

—En el desarrollo de la trama, vanidosos juegos con el tiempo y con el espacio. Faulkner, Priestley, Borges, Bioy, etcétera.

—El descubrimiento de que en determinada obra el verdadero protagonista es la pampa, la selva virgen, el mar, la lluvia, la plusvalía. Redacción y lectura de obras de las que alguien pueda decir esto.

—Poemas, situaciones, personajes con los que se identifica el lector.

—Frases de aplicabilidad general o con riesgo de convertirse en proverbios o de alcanzar la fama (son incompatibles con *un discours cohérent)*.

—Personajes que puedan quedar como mitos.

—Personajes, escenas, frases deliberadamente de un lugar o época. El color local.

—Encanto por palabras, por objetos. *Sex* y *death-appeal*, ángeles, estatuas, *bric-à-brac*.

— La enumeración caótica.

— La riqueza de vocabulario. Cualquier palabra a la que se recurre como sinónimo. Inversamente. *Le mot juste.* Todo afán de precisión.

— La vividez en las descripciones. Mundos ricamente físicos. Cf.: Faulkner.

— Ambientes, clima. Calor tropical, borracheras, la radio, frases que se repiten como estribillo.

— Principios y finales meteorológicos. Coincidencias meteorológicas y anímicas. *Le vent se lève!... Il faut tenter de vivre!*

— Metáforas en general. En particular, visuales; más particularmente agrícolas, navales, bancarias. Cf.: Proust.

— Todo antropomorfismo.

— Novelas en que la trama guarda algún paralelo con la de otro libro. *Ulysses* de Joyce.

— Libros que fingen ser menús, álbumes, itinerarios, conciertos.

— Lo que puede sugerir ilustraciones. Lo que puede sugerir filmes.

— La censura o el elogio en las críticas (según el precepto de Ménard). Basta con registrar los efectos literarios. Nada más candoroso que esos *dealers in the obvious* que proclaman la inepcia de Homero, de Cervantes, de Milton, de Molière.

— En las críticas toda referencia histórica o biográfica. La personalidad de los autores. El psicoanálisis.

— Escenas hogareñas o eróticas en novelas po-

liciales. Escenas dramáticas en diálogos filosóficos.
— La expectativa. Lo patético y lo erótico en
novelas de amor; los enigmas y la muerte en novelas policiales; los fantasmas en novelas fantásticas.
— La vanidad, la modestia, la pederastia, la falta
de pederastia, el suicidio.

Los pocos amigos a quienes leímos este catálogo, inconfundiblemente manifestaron disgusto.
Tal vez creyeron que nos arrogábamos las funciones de legisladores de las letras y quién sabe si no
recelaban que tarde o temprano les impondríamos
la prohibición de escribir libremente; o tal vez no
entendieran qué nos proponíamos. En este punto
alguna justificación tenían, pues el criterio de nuestra lista no es claro; incluye recursos lícitos y prác-
ticas objetables. Me figuro que si hubiéramos escrito el cuento, cualquier lector hallaría suficiente
explicación en el destino del autor de las prohibiciones, el literato sin obra, que ilustra la impo-
sibilidad de escribir con lucidez absoluta.

Ménard, el del «precepto» citado más arriba, es
el héroe de «Pierre Ménard, autor del Quijote». La
invención de ambos cuentos, el publicado y el no
escrito, corresponde al mismo año, casi a los mismos días; si no me equivoco, la tarde en que anotamos las prohibiciones, Borges nos refirió «Pierre
Ménard».

Borges encaraba con prodigiosa intensidad de atención el asunto que le interesaba. Yo lo he visto apasionado por Chesterton, por Stevenson, por Dante, por una cadena de mujeres (todas irreemplazables y únicas), por las etimologías, por el anglosajón y siempre por la literatura. Esta última pasión molesta a mucha gente, que rápidamente esgrime la habitual antinomia entre los libros y la vida. Por lo demás, el mismo Borges dice de sus primeros relatos, en el prólogo a *Historia universal de la infamia:* «No son, no quieren ser, psicológicos». Con el tiempo la crítica ha descubierto que Borges parece más interesado en la trama que en los personajes y se pregunta si la circunstancia no revela una íntima preferencia por el juego argumental sobre las personas. ¿No correspondería el mismo reparo a los anónimos autores de *Las mil y una noches?* Yo creo que Borges retoma la tradición de los grandes novelistas y cuentistas; o dicho más claramente: la tradición de los contadores de cuentos.

16

La experiencia de la vida en el campo, tan de-
seada por mí, tan grata mientras se cumplía, me
dejó la convicción de que yo no servía para mandar ni para administrar, y una enfermedad, el dolor
de cabeza, que me tuvo penando por un lustro
y del que salí —después de recorrer infinidad de
médicos, alópatas, homeópatas, clínicos, gastroen-
terólogos, y algún psiquiatra— cuando apelé al doctor Lucio García. Era un excelente médico: sus
diagnósticos eran certeros y su capacidad para sa-
narlo a uno, extraordinaria. La medicina, ejercida
por él, era un arte feliz.

A pesar de mis dolores de cabeza, a pesar de
mis sucesivos fracasos como administrador, los
años en Pardo me han dejado un buen recuerdo.
Como ya dije fueron años de mucha lectura y de
un trabajo literario que me redimió de mis errores
previos: la invención de *La invención de Morel*, su
composición y redacción. Para ello tuve que lograr
una completa metamorfosis de mi naturaleza de
escritor. Yo había sido hasta entonces un prolífico
y dedicado autor de libros pésimos; mi meta era

convertirme en el autor de libros buenos o, por lo menos, de un libro bueno. Como los libros son nuestra expresión, mi meta era cambiarme a mí mismo. Creo que lo conseguí. En el Rincón Viejo, Silvina se alejó paulatinamente del dibujo y de la pintura y se puso a escribir. Su primera publicación fue *Viaje olvidado*, un libro de cuentos. Ella me hizo conocer a escritores franceses, contemporáneos, como Cocteau, Gide, Roger Martin du Gard, Valéry. Al pensar en esa época recuerdo unos versos de Cocteau que le hacían gracia a Silvina:

Voici les compagnons d'Ulysse,
prenez garde, pauvres syrènes,
ils apportent des mers lointaines
des tristesses, des syphilis.

Un día en que íbamos en mi auto, por Figueroa Alcorta, hacia Palermo, Silvina dijo unos versos muy hermosos que serían después una estrofa de *Enumeración de la patria;* intuí que eran suyos y le dije que era una gran poeta.

En el Rincón Viejo, un día le anuncié a mi querido amigo Oscar Pardo:

—Prepárate. Nos vamos a casar.

Corrió a su cuarto y volvió con una escopeta en mano. Entendió que íbamos a cazar. El casamiento fue en Las Flores y los testigos, además del mencionado Oscar, Drago Mitre y Borges. Ese día, en el estudio fotográfico Vetere, de aquella ciudad, nos fotografiamos. A veces me he preguntado, a lo largo de la vida, si no he sido muchas veces cruel con Silvina, porque por ella no me privé de otros amores. Un día en que le dije que la quería mucho, exclamó:

— Lo sé. Has tenido una infinidad de mujeres, pero has vuelto siempre a mí. Creo que eso es una prueba de amor.

En esos años, o poco después, compilamos con Borges la *Antología de la literatura fantástica*. Fue una ocupación gratísima, emprendida sin duda por el afán de hacer que los lectores compartieran nuestro deslumbramiento por ciertos textos. Ese fue el impulso que nos llevó a componer el libro, pero mientras lo componíamos alguna vez comentamos que serviría para convencer a los escritores argentinos del encanto y los méritos de las historias que cuentan historias.

Tradujimos para ese libro «El cuento más hermoso del mundo» de Kipling, «Enoch Soames» de Max Beerbohm, «Shredni Vashtar» de Saki, «Donde su fuego nunca se apaga» de May Sinclair, «El caso del difunto Mr. Elvesham» de Wells (en mi opinión debimos elegir cualquiera de los cuentos de Wells mejores que ése; a Borges increíblemente le atraía la truculencia de este cuento; a mí me repugnaba y me repugna) y las piezas dramáticas «Una noche en la taberna» de Lord Dunsany, «Donde está marcada la cruz» de O'Neill, «La pata de mono» de W.W. Jacobs. Estas traducciones sirvieron prodigiosamente para mi aprendizaje. Toda traducción es una sucesión de problemas literarios; resolverlos junto a Borges fue una de las grandes suertes que tuve.

La *Antología de la literatura fantástica* alcanzó un éxito de estima que nos animó a emprender otras. La segunda y la última de aquella serie fue la *Antología poética*, llamada así por los editores, que prefirieron la eufonía a la corrección. El libro no tuvo buena fortuna.

Años después propusimos al mismo editor, López Llausás, una segunda *Antología de la literatura fantástica*. Nos dijo que la primera comercialmente había resultado un fracaso y no aceptó nuestra propuesta. Años después me invitó a verlo para convencerme de que Silvina comprara acciones de la editorial. Me dijo entonces que todos los libros, incluso nuestra *Antología de la literatura fantástica*, se vendían muy bien. No creo que esto revelara deshonestidad. Simplemente, cuando le propuse el nuevo volumen de literatura fantástica, él tuvo prudencia de comprador y cuando ofreció las acciones tenía optimismo de vendedor. Yo aconsejé a Silvina que rechazara la oferta, no por prudencia de comprador, sino porque pensé siempre que un escritor no debe vivir de las rentas de libros de sus colegas. Otro era el caso de Browning, que ponía al servicio de sus artistas amigos su habilidad para administrar empresas. El rechazo de la oferta, lejos de enemistarnos con López Llausás, nos dejó más amigos. Después le propusimos el libro al director de la editorial Claridad, que nos recibió, con un clavel en el ojal, debajo de un gran óleo, que lo reproducía con un clavel en el ojal. El proyecto no prosperó.

17

A mí las buenas noticias me alegran y las malas me desagradan. Sé que una psicoanalista, amiga mía, que durante unos diez años me vio de cerca, dice a quien la quiere oír que soy el hombre más normal que ha conocido. Otra amiga, psicoanalizada, que me hizo algunos reportajes, me dijo que yo parecía un psicoanalizado a quien le había hecho bien el análisis.

Publicar un libro es ofrecerse a juicio público. La publicación de mis primeros seis libros me puso en un dilema. Sobrevivir a la crítica adversa o no escribir más. O tal vez algo peor para alguien como yo que tenía entonces la vida por delante: perder la fe en mi inteligencia. Por suerte comprendí que no siempre un libro equivocado prueba que el autor sea inepto. Muchas veces hay tan buenas y tan atendibles razones para errar como para acertar. Creo que Ramón y Cajal dijo que toda decisión equivale a un salto en el vacío.

Yo sé que tengo una deuda con el público por haberle propuesto seis libros pésimos. La experiencia (no hay justicia en esta vida) en algún modo me resultó benéfica. Me volvió razonablemente insensible a los ataques de los críticos. Además creo que si un crítico señala errores en algún libro mío, el disgusto no me ofuscará y no me impedirá asimilar las correcciones.

Mi madre, que estaba muy orgullosa de sus hermanos Casares, me decía que mis tíos Bioy se arruinaron porque administraban el campo sentados en las sillas de paja del corredor de la casa. Hacia 1937, cuando yo administraba el campo del Rincón Viejo, sentado en las sillas de paja, en el corredor de la casa del casco, entreví la idea de *La invención de Morel*. Yo creo que esa idea provino del deslumbramiento que me producía la visión del cuarto de vestir de mi madre, infinitamente repetido en las hondísimas perspectivas de las tres fases de su espejo veneciano. Borges, en «Tlön, Uqbar, Orbis Tertius», me hace decir que aborrezco los espejos y la cópula... Le agradeceré siempre el hecho de ponerme en un cuento tan prodigioso, pero la verdad es que nunca tuve nada contra los espejos y la cópula. Casi diría que siempre vi los espejos como ventanas que se abren sobre aventuras fantásticas, felices por lo nítidas. La posibilidad de una máquina que lograra la reproducción artificial de un hombre, para los cinco o más sentidos que tenemos con la nitidez con que el espejo reproduce las imágenes visuales, fue pues el tema esencial del libro. Primero creí que podría escribir un falso ensayo, a la manera de Borges, y comentar la invención de esa máquina. Después, las posibilidades novelísticas de mi idea trajeron un cambio de planes. Las circunstancias de que el héroe y relator de la historia fuera un perseguido de la justicia, que la máquina funcionara en una isla remota, que las mareas fueran su fuente de energía, sirvieron al argumento.

Néstor Ibarra observó que nada era arbitrario en *La invención de Morel*. Eso había sido, exactamente, lo que yo me había propuesto. Comprendí que la crítica de Ibarra era justificada. Porque lograr una historia en la que de vez en cuando hubiera elementos arbitrarios, sin que parecieran ociosos, sino que por el contrario dejaran entrar la vida en la obra, era una meta más ardua que la entrevista por mí.

Yo buscaba menos el acierto que la eliminación de errores en la composición y la escritura de *La invención de Morel*. De algún modo era como si me considerara infeccioso y tomara todas las precauciones para no contagiar la obra. La escribí en frases cortas, porque una frase larga ofrece más posibilidades de error. Creo que estas frases molestaron a muchos lectores y que, en el prólogo a la novela, cuando Borges dice «la trama es perfecta», hay una clara reserva en cuanto al estilo.

18

El afecto y aun la admiración que en mi casa
sentían por las Ocampo, me preparó para mirar
con simpatía al grupo *Sur* y recibir como un hecho
muy importante la aparición de la revista. Sin embargo, nunca me sentí del todo cómodo con ellos.
Lo que más nos apartaba eran, como diría Reyes,
nuestras simpatías y diferencias literarias: algo en
lo que yo no podía transigir. Allá se admiraba a
Gide, a Valéry, a Virginia Woolf, a Huxley, a Sak-
ville West, a Ezra Pound, a Eliot, a Waldo Frank
(que siempre me pareció ilegible), a Tagore, a Key-
serling, a Drieu la Rochelle. De ninguno de ellos
podría yo decir que era uno de mis autores fa-
voritos, salvo, quizá, Huxley, en sus ensayos. En
cuanto a Valéry, yo lo admiraba más por encarnar
la idea del escritor deliberado, que por sus escritos.
De Virginia Woolf, admirada por mi madre y por
Silvina, que se guiaban por sus gustos y no por las
modas del momento, nunca tuve la suerte de leer
un libro que me interesara; ni siquiera me gustó
Orlando, del que Borges, a pesar de haberlo traducido (tiene que ser muy bueno un texto para

merecer la aprobación de su traductor) hablaba con elogio. Desde luego, sospecho a veces que lo tradujo vicariamente, como dicen los ingleses. Esto es, por interpósita persona, su madre.

Para mí las disidencias con Victoria y el grupo *Sur* resultaban casi insalvables. Yo era entonces un escritor muy joven, inmaduro, desconocido, que escribía mal y que por timidez no hablaba de manera cortés, matizada y persuasiva. Callaba, juntaba rabia. Reputaba una aberración el exaltar a los escritores que mencioné y olvidar, mejor dicho ignorar, a Wells, a Shaw, a Kipling, a Chesterton, a George Moore, a Conrad... Con relación a nuestra literatura y a la española también divergíamos. Para la gente de *Sur*, Borges era un *enfant terrible*, Wilcock un majadero, Ortega y Gasset escribía mejor que nadie y el pobre Erro era un pensador sólido.

Yo pensaba que en *Sur* se guiaban por los nombres prestigiosos, aceptados entre los *high brow*, la gente «bien» de la literatura, «bien» no por nacimiento o por dinero, sino por la aceptación entre los intelectuales. Pensé que allá preferían ese criterio al personal, que hubieran tenido si realmente les gustaran los libros.

Cuando prepararon un número especial en homenaje a la literatura inglesa, Borges y yo elegimos textos que en su mayor parte fueron silenciosamente descartados y sustituidos por otros y cuyo mérito nos pareció misterioso. Nos aceptaron «Eu-

forión en Texas», de George Moore, «El hombre
que admiraba a Dickens», de Evelyn Waugh, «Bun-
yan», de Bernard Shaw, «El triunfo de la tribu», de
Chesterton, el poema «Mis sueños de un campo
lejano», de Housman, que tradujo Silvina. Porque
nos concedieron la inclusión de esos textos, nos
encargaron a Borges y a mí, para el número en homenaje a la literatura norteamericana, la traducción de algunos que no nos gustaban. Entre ellos,
no de los peores, había uno de Karl Shapiro, donde
se hablaba de cartas «v». Ni Borges ni yo sabíamos
que se llamaban así las cartas en microfilme que
los soldados americanos mandaban a sus familias
y creíamos que «v» significaba victoria. No creo
que nos hiciéramos mala sangre por aportar siquiera ese disparate a los poemas traducidos.

En los últimos años de la década de los treinta
me enteré de la existencia de Kafka. Con Borges
disentimos en cuanto a *La metamorfosis*, que él
consideró el peor relato de Kafka y yo creo que es
el mejor. En cuanto a Henry James, que desde mis
primeras lecturas admiré, disiento con Rebecca
West que considera *Otra vuelta de tuerca* su peor
relato: para mí es uno de los mejores, si no el
mejor; José Bianco lo tradujo admirablemente.
A Bianco, un excelente escritor y uno de mis amigos más queridos, hay que atribuirle mucho de lo
mejor que ocurrió en *Sur*. Además de su trabajo
diario para organizar los números de la revista, se
le deben las correcciones de los textos de muchos

autores prestigiosos. Gracias a Bianco, pudieron leerse sin sobresaltos. Los autores preferían no enterarse, o simplemente no se enteraban, de que sus páginas habían sido corregidas.

19

Borges entró en Emecé por recomendación de Silvina Bullrich y pidió, para aceptar el nombramiento, que me aceptaran a mí, en iguales condiciones. Estuvieron de acuerdo.

Lo primero que les propusimos fue una selección de libros clásicos, que titularíamos Sumas. Nuestro propósito era deparar al lector deslumbrantes revelaciones, convencerlo de que autores considerados pilares de la cultura pueden ser curiosamente originales y amenísimos. También, como es natural, conseguir que el lector compartiera nuestra admiración por ellos, nuestro afecto. El plan avanzó, más en mi escritorio, donde nosotros trabajábamos, que en la editorial. Todas las noches, y no pocas tardes, Borges y yo anotábamos textos, aclarando puntos oscuros, precisando citas. En la editorial había un ex seminarista español que miraba con malos ojos a clásicos protestantes y que sentía la mayor desconfianza por cualquier autor posterior al siglo XVI. Tal vez vinieran de su mano algunas piedras que encontramos en el camino, pero lo cierto es que ya habían pasado las primeras horas en que los proyectos ambiciosos eran recibidos con júbilo, porque parecía el medio más seguro de prestigiar y destacar la editorial. Es claro que, aunque no se publicaran los libros que elegimos, el trabajo no fue tiempo perdido para mí. Trabajar con Borges fue siempre, en grado sumo, diversión y aprendizaje. La enseñanza iba desde lo elemental, como no confiar nunca en la memoria, vencer la pereza y buscar la fuente, hasta mudarme del bárbaro mundo de hoy, donde una apasionada práctica de la propiedad intelectual nos lleva a preferir la estrecha miseria propia —original, sin duda— a participar, como los clásicos, del ancho mundo de las letras. Mudarme, digo, en un sentido limitado; somos de nuestra época inevitablemente. Además yo me creo inventivo, y no doy abasto para escribir los argumentos que se me ocurren, de modo que por falta de tiempo no me puse nunca a imitar, a recrear alguna historia clásica; pero cuando otro lo hace no siento propensión a calificarlo de plagiario. El camino de la exclusiva originalidad no es el único para llegar al acierto.

De todas las Sumas que planeamos, se publicó, con pocas notas, un tomo de Quevedo. Si no me equivoco, nunca se publicó una *Agudeza y arte de ingenio* profusamente anotada, que teníamos lista, ni algunos tratados de Sir Thomas Browne.

Pasaba el tiempo, nuestra colección se postergaba. Un día, en mi cama de engripado, pensé que

Borges y yo podríamos recurrir a nuestro conocimiento de un género literario menos prestigioso que el de los autores de Sumas, para proponer una colección, que por no ser tan costosa quizá resultara atractiva a la editorial. Con Borges preparamos una lista de novelas policiales. No bien me sentí repuesto, propuse el proyecto a Emecé. No lo rechazaron; sugirieron, eso sí, que la colección llevara nuestros nombres pero no el de la editorial. Llovían las sugerencias. Cada cual nos proponía su novela policial predilecta. En los más casos era la primera y en algunos la única, que habían leído. El descontento de quienes vieron rechazada su generosidad se disipó ante el éxito de la colección. Un éxito que tal vez fue fatal para las Sumas. Con nuestras novelas policiales los editores conocieron el encanto de las buenas ventas y perdieron las ganas de volver a las aventuras prestigiosas, de esfuerzo inmediato y beneficio futuro.

Borges dio el nombre, El Séptimo Círculo, el círculo de los violentos en el infierno de Dante, a la colección, y también el emblema del caballito de ajedrez. Es claro que al caballito lo había propuesto cuando todavía teníamos un título que permitía ese emblema. El diseño de la tapa, de Bonomi, nos gustó mucho y creo que le debemos buena parte del éxito.

Aprendí no poco en Emecé. Entre otras cosas, la técnica de escribir síntesis de argumentos de novelas. Comprendí que bastaba con referir la situación planteada, sin pretender la fiel descripción del desarrollo, que, comprimida en el espacio de una página, parecería una intrincada enumeración de hechos incomprensibles que desanimaría a posibles lectores. Asimismo, el trabajo en la editorial nos asomó a los problemas de los derechos de autor, que hasta entonces habíamos ignorado. (Como correspondía a escritores argentinos de aquella época, de primeras y únicas ediciones de quinientos ejemplares.) Nos enteramos así de que algunas novelas que deseábamos incluir en El Séptimo Círculo no estaban libres. Quisimos publicar *Asesinato de Roger Ackroyd*, de Agatha Christie. La habíamos elegido por ser la única novela de la autora que nos gustaba y por su importancia en el género; se la tenía por ser la primera en que el narrador del relato resulta el asesino.

Los derechos de todos los libros de Agatha Christie habían sido comprados por otra editorial. Otra novela que no pudimos publicar fue *El socorro de la muerte*, de Milward Kennedy. Nos recomendó esta divertidísima novela Alejo González Garaño hijo, un muchacho inteligente, de quien publicamos en *Destiempo* un poema del que recuerdo el verso:

una casa en poder de las plantas.

Cuando tratamos de conseguir los derechos, uno de los agentes a que acudimos, Costa, de International Editors, o Lorenzo Smith, nos comunicó que los derechos de esta novela habían sido retirados de la venta por orden judicial. Sospechamos siempre que el protagonista, un comiquísimo Mister Amor, formal, curioso, mezquino, y que se ve envuelto en un asunto de asesinatos, debió de ser la nada exagerada caricatura de algún conocido del autor, a quien acusó de difamarlo. Me atrevo a decir —lo que puede parecer una confesión imprudente, en boca de un novelista— que el personaje está demasiado logrado para no ser el retrato de un hombre de carne y hueso.

Por una razón misteriosa tampoco pudimos publicar *Monkshood* (nombre de una raíz venenosa, que no sé cómo traducir) de Eden Phillpotts, un autor predilecto de Borges, del que publicamos otras excelentes novelas. Emecé se negó a publicarlo. *Monkshood* no era un libro escandaloso ni tenía intención política. Llegué a pensar que la circunstancia de que nos gustara tanto les pareció sospechosa. Otra posibilidad que barajamos era la de poner un dique a nuestra soberbia por el éxito de la colección. Motivos no nos faltaban, porque la nuestra era, entre las publicadas por Emecé, la única colección exitosa. No me asombró que las otras fracasaran. Iban a empezar una colección de Obras Universales con la obra completa de Balmes. Cuando quisieron incluir una *Vida* de Byron, eligieron la de Cánovas del Castillo. Un día me preguntaron si Conrad era un buen novelista.

Cuando dije que sí, desconfiaron y acudieron al Espasa. En el tomo correspondiente no se le dedicaba más que una breve nota. Ya veían confirmadas sus peores sospechas, pero, providencialmente, se me ocurrió proponer que consultáramos el apéndice. Allí encontraron un largo, y por ello persuasivo, artículo sobre Conrad. Compraron casi toda la obra, en no recuerdo qué traducciones españolas.

Para volver a El Séptimo Círculo, referiré que publicamos *El señor Digweed y el señor Lumb* de Phillpotts, *Una infortunada más* de Loustgarten, y que nos vimos privados de incluir algunas admirables novelas como las de Eric Ambler porque sus derechos de traducción no estaban libres. Otro tanto nos pasó con las notables novelas en que A.D. Cox refiere crímenes pero no resuelve enigmas, y que firma Francis Illes; por fortuna pudimos publicar las que este autor firma como Anthony Berkeley; entre otras el ingeniosísimo *Caso de los bombones envenenados*. De Véry publicamos *Los Goupi*, novela en que Jacques Becker basó su excelente película *Les Goupis mains rouges;* también incluimos algunos libros de autores argentinos y uruguayos, como *La muerte baja en el ascensor* de María Angélica Bosco, la espléndida novela de Peyrou, *El estruendo de las rosas, Los que aman, odian*, que escribimos con Silvina, *El asesino desvelado* de Enrique Amorín. Para Amorín, el mejor libro de nuestra colección era *Predilección por la miel* de

H.F. Heard. Esta preferencia se debía a la circunstancia de que Amorín tenía en su casa de El Salto un colmenar. Me hizo gracia que un escritor profesional admitiera razones como la señalada para preferir obras literarias. Con el tiempo comprobé que a todos razones de ese peso nos guían en nuestras simpatías y diferencias.

La bestia debe morir del poeta C.D. Lewis, que firmaba Nicholas Blake, abrió la colección y tuvo un éxito inmediato. A Borges esta novela nunca lo convenció plenamente, y prefería *Los anteojos negros* de Dickson Carr y alguna novela de Lorac; a mí me gustaba *La larga busca del señor Lamousset* de Lynn Broke y *La torre y la muerte*, de Innes, de la que sin duda hay pálidas reminiscencias en la descripción de un invierno en el campo de mi cuento «El héroe de las mujeres».

Borges y yo no quisimos incluir en El Séptimo Círculo libros policiales de la escuela americana de escritores «duros» *(hard boiled* o *tough writers)*, que en Francia originó la Serie Negra y que se convirtió en la expresión mundialmente difundida y aceptada del género. No siempre son las buenas causas las que triunfan.

El primer libro de esa escuela que nos llegó —casi me atrevería a decir que llegó a Buenos Aires— fue *El secuestro de la señorita Blandish*, del inglés James Hadley Chase. En este libro, como en la mayor parte de los de esa escuela, el autor no propone un enigma ingenioso, ni un argumento memorable, pero da a manos llenas escenas eróticas que la imaginación vívidamente recuerda. En la historia del género, su lugar está asegurado, por ser el hito de la irrupción del sexo.

Después leímos las novelas de Dashiell Hammett, las de Raymond Chandler, que tiene el auténtico mérito de introducir un *detective* creíble y simpático, las de Peter Cheyney (¿cuántos americanos duros son ingleses?), las de William Irish y las de Erle Stanley Gardner, que tal vez pone menos la atención en la historia y en los personajes, que en el pronto despacho del producto.

Borges entendía que una buena justificación para leer novelas policiales era la circunstancia de que este género popular y menor ejercitaba, por la concepción de enigmas, la inteligencia de los escritores, y que también estimulaba en el lector el ejercicio de la atención y el gusto por las historias bien construidas. Le parecía que la pérdida de esos méritos no resultaba compensada por la abundancia de escenas eróticas, audaces únicamente por no ser en ese momento habituales en el género. Tampoco le gustaban las historias de Chandler; Marlowe siempre le resultó un malevo desagradable. Yo sentía simpatía por él y pensé que por sus negligencias podría ser un porteño en un cuento de Cancela; pero el encanto que encontré en ese personaje está ausente en los otros que pueblan los libros de Chandler; sus «malos» me parecieron siempre corresponder a una primaria, esquemática, y desde luego, caricaturesca imaginación. Son los «malos» del consenso; no parecen vistos de cerca. Cuánto más reales y más complejos son los de Anthony Gilbert o los de Eden Phillpotts.

De esa escuela americana incluimos en nuestra colección tres novelas de James Cain; entre ellas, *El cartero llama dos veces*, porque la historia nos gustó y nos pareció bien contada, y una de Chandler, *La dama del lago*.

En parte influidos por una película que consideramos excelente, basada en *El halcón maltés* de Hammett, quisimos publicar la novela; por cuestiones de derechos no fue posible. Por la misma razón no incluimos ninguna de Ellery Queen. Tampoco incluimos las novelas de Dorothy Sayers; nunca nos gustaron.

El misterioso enigma bien resuelto no fue para nosotros un requisito indispensable para la elección de los libros. Estos, frecuentemente, eran curiosas historias de crímenes, contadas con eficacia, en las que intervenían personajes vívidos, que el lector se complacía en recordar y comentar. Ilustrativamente citaré *Mi propio asesino* de Richard Hull. El protagonista, que se llama, como el autor, Richard Henry Sampson (Richard Hull es un seudónimo) cuenta la historia. Nos dice que vive solo, porque es metódico, ordenado y que nada le irrita tanto como que alguien altere sus costumbres, el ritmo de su vida o el orden de su departamento. En la noche del comienzo de esta historia, Sampson, al volver a su casa, encuentra en el zaguán a Allan Renwick, un amigo por el que no siente el menor afecto. Renwick, hombrón alto y fuerte, seguro de sí, le come el huevo y el pan que él reservaba para el desayuno del día siguiente, le bebe una considerable cantidad de whisky y le pide que lo oculte en su casa, o mejor dicho le anuncia que se quedará en ella, hasta que se calme un poco la policía, que lo busca porque asesinó a un hombre. Así empieza una convivencia rica en incidentes tan verosímiles como absurdos, nimios los más, que exasperan al dueño de la casa y hacia el final lo llevan a matar a su huésped. Para quienes hayan tenido alguna vez en su casa un huésped molesto éste resultará un libro particularmente gratificante.

En El Séptimo Círculo publicamos excelentes novelas acaso condenadas al olvido por pertenecer al género policial. Un género de mucha venta, pero no siempre bien mirado por la gente seria.

20

En un almuerzo en casa de Victoria Ocampo, en 1932, conocí a Borges. Puedo asegurar que fue en esa fecha porque el día anterior Borges había publicado un artículo titulado «Nuestras imposibilidades», hablando de nuestras imposibilidades de ser coherentes o lúcidos en materia política. Yo lo había leído un rato antes de nuestro primer encuentro y hablamos de eso.

Borges se puso a hablar mucho conmigo aunque yo era un chico. Victoria Ocampo, seguramente, me había invitado porque mi madre, que era amiga de ella, le habría dicho que yo escribía. Estaba allí un escritor francés, uno de los de turno de visita en la Argentina, y Victoria, que era muy mandona, dijo: «¿Quieren dejar de hablar entre ustedes y atender al señor Fulano de Tal?». Borges se sintió un poco ofuscado. Tenía mala vista y tropezó con una lámpara, tirándola al suelo. Ese incidente nos hizo sentir una cierta complicidad.

Nunca pensé en términos de gloria o fama y ésa es otra cosa que nos unió a los dos. Las primeras cosas vienen primero, y las segundas pueden olvidarse: la prioridad era la literatura, el acierto literario, la filosofía, la verdad.

Yo sentía que para mí Borges era la literatura viviente y, de algún modo, él habrá sentido que yo compartía esa actitud ante las letras, que para mí era lo principal en la vida. Para los dos, lo más importante era comprender. Sentíamos un gran placer cuando, sobre cualquier asunto que ocurría en la realidad, uno de nosotros explicaba al otro lo que sucedía. Tanto Borges como yo creíamos en la inteligencia como instrumento de comprensión. No se trataba entonces de él o de mí, de quién hablara, sino de haber entendido la verdad de algo. Eso era lo que nos exaltaba más. Para mí, la amistad con Borges fue un regalo de la suerte. Fue la primera persona que conocí para quien nada era más importante que la literatura. Para él la literatura era lo más real. Me hablaba de lo que había leído como si fuera una noticia de actualidad, así se tratara de un presocrático. Cuando colaborábamos, por ejemplo, llegaba a casa y me decía: «Estuve con Fulano de Tal y me dijo tal cosa». Pero Fulano de Tal era un personaje del texto que estábamos escribiendo nosotros.

Borges tenía ese tacto secreto para hacerme sentir que yo era su par. Nunca me hizo sentir de otra manera. En alguna medida porque debía considerar que yo era suficientemente inteligente. No es altanería de mi parte, pero creo que se encontraba a gusto con mi inteligencia. Además, cuando dos personas son amigas, cada una enseña algo a la otra; en caso contrario se trataría de una relación entre maestro y discípulo, no entre amigos. Borges decía, por ejemplo, que él siempre fue partidario del estilo adornado, barroco, y que yo nunca me dejé engañar por ese tipo de escritura. Siempre tuve una predilección por la simplicidad y la transparencia que puede haber sido beneficiosa para Borges, a quien le gustaba demasiado el estilo culto, erudito, artificial. Pienso, y ojalá no me equivoque, que pude en eso haber sido útil para él, como él fue útil para mí en infinidad de cosas.

En múltiples entrevistas y en algún escrito afirmé que nunca escribimos con Borges ese primer cuento del doctor Pretorius, que me relató en Pardo. Daniel Martino mientras trabajaba en su libro *ABC de Adolfo Bioy Casares* encontró un manuscrito que prueba lo contrario. Borges y yo lo habíamos olvidado por completo, pero llegamos a escribir unas páginas del cuento, una línea escrita por él y otra por mí y así sucesivamente.

Ese cuento inconcluso y luego olvidado hizo que surgiera el deseo del trabajo en común; comenzamos a hablar de la posibilidad de escribir juntos cuentos policiales. Así nacieron «Seis problemas para Isidro Parodi», «Un modelo para la muerte» y después «Dos fantasías memorables».

Cuando estábamos escribiendo uno de los cuentos que después integraría el libro *Nuevos cuentos de Bustos Domecq*, suspendimos el trabajo

110

porque sentíamos que nos estaba devorando esa especie de autor que habíamos creado los dos. Bustos Domecq se había convertido en un bromista insoportable, similar a Rabelais, autor que no nos gustaba.

Nosotros creamos ese personaje, Bustos Domecq, y mientras lo pudimos gobernar, seguimos con él. Después se tornó ingobernable y dejamos de escribir esas cosas, aunque seguíamos viéndonos y comiendo juntos todas las noches. Cuando sentimos que podíamos volver a escribir juntos, surgieron los nuevos cuentos que, a mi criterio, no son peores que los primeros, sino incluso mejores porque en los primeros habíamos partido de la ilusión de escribir juntos cuentos policiales ortodoxos y, como no lo fueron, llevaban el lastre del primer proyecto. En cambio, los nuevos eran más parecidos a lo que realmente podíamos hacer nosotros dos juntos. Sin embargo, existe el lugar común de que lo segundo es peor que lo primero. Henry James se pasó la vida corrigiendo sus textos, pero la gente que hoy reedita sus obras proclama que está publicando la primera versión. Creo que los nuevos cuentos fueron tan buenos —o tan malos— como los primeros y que *Crónicas de Bustos Domecq* fue el mejor libro que escribimos juntos. En ese aspecto estábamos completamente de acuerdo.

Escribíamos habitualmente por las noches. Conversábamos libremente sobre la idea que tenía-

111

mos acerca de un tema hasta que se iba formando, casi sin proponérnoslo, un proyecto común. Luego me sentaba a escribir, antes a máquina, últimamente a mano, porque escribir a máquina ahora me da dolor de cintura. Si a uno se le ocurría la primera frase, la proponía y así con la segunda y la tercera, los dos hablando. Ocasionalmente Borges me decía: «No, no vayas por ahí», o yo le decía: «Ya basta, son demasiadas bromas».

Pienso que este trabajo en colaboración debió enseñarnos a ser modestos. Porque cuando empezamos a colaborar nos sentíamos alineados en una campaña en favor de la trama y de la escritura deliberada, eficaz y consciente. Ibamos a escribir cuentos policiales clásicos como los de la literatura inglesa hasta los años cincuenta, cuentos en los que había un enigma con resolución nítida, poca psicología, los personajes necesarios y la reflexión apenas indispensable. Resultó que escribimos de un modo barroco, acumulando bromas al punto que por momentos nos perdíamos dentro de nuestro propio relato, y alguno de los dos preguntaba: «¿Qué es lo que iba a pasar con ese personaje? ¿Qué ibamos a escribir?». Esto es casi patético porque ambos nos jactábamos de ser muy deliberados. Es como si el destino se hubiera burlado de nosotros.

Luego de «Un modelo para la muerte» hicimos un alto. Tiempo después, en un momento en que Borges estaba muy enamorado, en uno de sus tantos amores infelices, sucedió algo que dio lugar al reinicio de nuestra colaboración. Una mañana yo sacaba a pasear a mi hija y al hijo de la cocinera. Cada uno de esos chicos tenía en la mano un muñeco y se lo describía al otro. Yo estaba calentando el motor del auto y los oía atrás, describiendo, como si no pudieran ver uno el muñeco del otro. Entonces esa noche le propuse a Borges que escribiéramos un cuento sobre un escritor que describiera por el solo placer de la descripción, aunque fuera la cosa más desprovista de interés: el lápiz, el papel, la mesa de trabajo, la goma de borrar, etcétera. Así surgió «Una tarde con Ramón Bonavena», que es la primera de las crónicas.

Meses después, porque con Borges siempre fuimos reticentes y corteses, me agradeció porque comprendía que yo le había propuesto ese cuento para hacerle olvidar su mal de amores. No fue así. Yo se lo propuse simplemente porque se me había ocurrido el cuento. De ese modo nacieron las *Crónicas de Bustos Domecq*, que fue casi nuestra última colaboración larga. Después sólo hubo textos breves: un prólogo sobre literatura fantástica, otro sobre cuentos policiales. Cuando surgía alguna de esas tareas yo le decía: «Bueno, mirá, creo que no hay más remedio, vamos a tener que escribir algo». A lo que él respondía: «¡Qué suerte!», y nos poníamos a escribir.

El más apurado en que nos pusiéramos a trabajar era siempre Borges. Realmente le encantaba trabajar y era muchísimo menos perezoso que yo, mucho más rápido. El decía que le daba mucha importancia al aspecto hedónico de la literatura, pero en realidad era bastante austero y le disgustaban las debilidades o las complacencias. A mí, por ejemplo, me gustaba desde chico la idea de las curas termales porque pensaba que debía ser sumamente agradable estar sentado, descansando y que lo atiendan a uno. Ese tipo de cosas a Borges lo impacientaban. Era un poco protestante, una persona con un sentido de la culpa que yo nunca tuve. Ahora, aunque a veces yo tenía pereza para comenzar, luego lo hacía contentísimo. Es que además trabajábamos riéndonos a carcajadas. Quisimos trabajar en serio y fracasamos.

También eran diferentes muchas de nuestras apreciaciones literarias. Tuvimos, por ejemplo, largas discusiones sobre el amor en la literatura. Borges se pasó la vida enamorado, pero enamorado de verdad, y sufrió muchísimas veces. Sin embargo, tenía un prejuicio en contra del amor en la literatura. Una reacción basada en su experiencia de que todos consideraran que el amor era el único tema. Como si hubiera dicho: «Bueno, basta, hay otras cosas aparte del amor». Hasta ahí su reacción era racional y su actitud justificada. Pero a veces exageraba y tenía una postura casi puritana contra el amor. Yo le decía que no fuera puritano y él valorizaba extraordinariamente que se lo hubiera dicho. No era ningún mérito de mi parte sino un comentario sensato y justificado.

También, por ejemplo, yo le decía: «Bueno, basta de estar tan entusiasmado con Quevedo. Lope de Vega es mucho menos pedante, mucho más grato y dice cosas más profundas. El otro es como una cordillera de cartón apta para el tren del Parque Japonés». Borges, agradecido, me daba la razón y pensaba que yo lo rescataba de una superstición. No es para tanto. Esa es una superstición que yo no tenía, pero él no tenía muchísimas otras.

Espero no morirme sin haber escrito algo sobre Borges. Lo que podría hacer es sólo contar cómo lo vi yo, cómo fue conmigo. Corregir algunos errores que se cometieron sobre él, defender a Borges y, sobre todo, defender la verdad. Siempre tuve una superstición con la verdad, tal vez yo estuviera más atado a la verdad que Borges. El a veces arreglaba su pasado para que quedara mejor literariamente. Es como si hubiera preferido realmente la literatura a la verdad. Podía tener cierta falta de escrúpulos que lo hacía reír muchísimo cuando uno la descubría y se la señalaba. Ocurre que él veía la realidad como una expresión de la literatura y ése es el mayor homenaje que se puede hacer a la literatura.

21

En un barco de la compañía Moore McCormack, viajé a Nueva York, a principios de 1949, con Silvina y su sobrina Silvia Angélica García Victorica. Cuando llegamos, en el muelle nos esperaban Victoria, mi cuñada y Victoria García Victorica, a quien llamábamos Toria. A esta altura creo innecesario prevenir al lector de que en la familia Ocampo abundan las Silvias, las Angélicas y las Victorias.

Todavía me pregunto por qué habremos despertado la desconfianza de los inspectores de aduana: escrutaron nuestras valijas con admirable ahínco, casi con ferocidad. ¿Lo confesaré? Nos acompañaba una tropilla de valijas desparejas, cargadas con la ropa necesaria para que nuestra recorrida por el Nuevo y el Viejo continente no se nos convirtiera en un viaje de compras. La tarea de revisión llevó un buen rato. Victoria, que fácilmente no se resignaba a esperar, apenas disimulaba la impaciencia y, a lo mejor sin proponérselo, golpeaba con un pie en el piso; pero como todo tiene su término, hubo un momento en que nos encontramos en un automóvil azotado por la lluvia, en calles como desfiladeros oscuros, entre las altas casas de aquella ciudad desconocida; y otro momento, en nuestro cuarto del Hotel Winthrop, en que empezamos a vaciar las valijas y a distribuir las cosas por roperos y cómodas. Demasiado grande para la silla en que se había sentado, Victoria era un espectador impaciente, que anhelaba el fin de la función. De vez en cuando preguntaba:

—¿Dónde quieren almorzar? ¿En Child's, en Zachetti's o en La Coupole?

Mientras le pasaba a Silvina una medias, yo contestaba:

—Donde quieras. Vos conocés los lugares.

Después nos preguntó si queríamos salir a la noche con Louise Crane (nombre entonces totalmente desconocido para nosotros) o si preferíamos que Tucci (hubiera sido igual que nos propusiera a Cucci o a Mucci) nos llevara en su automóvil al Downtown, o si optábamos por visitar al otro día, con el conde Du Pernod, la playa de Long Island, que la soledad y la penumbra invernal volvían romántica. Alguna vez, con voz apagada, murmuré que estábamos cansados, que sin duda lo mejor sería dejar los paseos para más adelante. La idea de haberme extralimitado me alarmó. Rogué, en rápida marcha atrás:

—Por lo menos elegí por nosotros entre esas personas y esos lugares desconocidos.

Victoria no entendía. Que nos instaláramos y

descansáramos en lugar de recorrer la ciudad en ómnibus o de entrar en contacto ese mismo día con la educadora Fulana de Tal desencadenó en ella un proceso de indignación fulminante. Me había llegado a mí el turno de no entender. Vi cómo se incorporaba, obesa y enorme, mascullaba no sé qué en un tono insólito y en torbellino salía del cuarto, llorando. La escena concluyó con un portazo.

Por increíble que parezca, su ánimo se dulcificó un rato después. En el restaurante donde más tarde almorzamos, Victoria, Silvina, Silvia Angélica y Toria me esperaban en una mesa, donde había desconocidos. Imaginé que esas personas serían la Crane, el Tucci y el Du Pernod de que me hablaron. Saludé a uno tras otro. Eran casuales compañeros de mesa. Mi error provocó sincera hilaridad.

Pocos días después Victoria se dio el gusto de preparar un programa completo: a la tarde, en el Roxy, Danny Kaye, a la noche, gran baile de negros en Harlem. Ella se encargaría de todo. Como insistió en que ver a Danny Kaye era importantísimo, una ocasión única, para no defraudarla debimos renunciar a la comida, ya que por cuestión de horarios las dos cosas eran incompatibles. A las cinco Victoria llamó para decirnos que estrenaban no recuerdo qué película. Porque no había entradas en el Roxy, quería que la acompañáramos al cinematógrafo. Junté coraje y le dije que prefería

118

no quedarme sin comer. La insubordinación no le cayó bien y puntualizó, perentoria, que a las ocho pasaría a buscarnos el doctor Beauchamps y que fuéramos puntuales, porque la delicada susceptibilidad del negro imputaría nuestra previsible demora al propósito de insultarlo. A las ocho estábamos listos y hasta las once nos turnamos, Silvia, Toria y yo, para acompañar a Victoria, o siquiera seguirla, en sus idas y venidas por la ventosa vereda del Hotel Winthrop, en esa noche glacial. Mientras la seguíamos, fingíamos hablar con naturalidad, sin obtener el mendrugo de una respuesta. A las once llegó, campechano y festivo, un señor negro; no el esperado.

Del todo insensible a la irritación de Victoria, el hombre explicó que el doctor Beauchamps había bebido más de lo prudente, pero que ya vendría. Victoria preguntó si no llegaríamos tarde al baile. Nuestro interlocutor contestó:

—No tengo idea.

Evidentemente no daba importancia al asunto. Yo empezaba a encontrarlo atinado, cuando Victoria murmuró algo que descifré como: «Negros de mierda». En su boca la expresión me asombró porque poco antes la había oído hablar de la gente negra con suntuoso respeto. Para una mejor comprensión del episodio hay que recordar que Victoria no toleraba a los borrachos.

Por fin llegó, sin ningún sentimiento de culpa, el ponderado y esperado doctor Beauchamps, no demasiado borracho, pero alegre. Parecía muy lujoso, en su Cadillac de color fucsia, con paragolpes dorados. Nos distribuimos en el amplio automóvil. Delante Victoria y los señores; atrás Silvia, Silvina, Toria y yo. El doctor Beauchamps manejaba de modo audaz y desapacible. Como nos permitimos hablar entre nosotros, Victoria se volvió, para sugerirnos en español:

—Hablen con los señores, no sean mierdas.

Poco después rozamos un automóvil atestado de negros. Beauchamps detuvo el Cadillac en medio de la avenida y bajó a mirar los daños y a discutir con la gente del otro coche. Nos tranquilizamos al verlo reír con serenidad mundana. Hubo un grito y el negro que se había quedado en el coche se puso muy serio y acudió en apoyo de su amigo. Mientras tanto, aislados en el Cadillac, esperamos interminablemente, sorteados apenas por los automóviles que todo el tiempo, a toda velocidad, pasaban por la avenida, mojada y resbalosa. Victoria debió de enojarse, porque reflexionó:

—Negros guarangos.

Interesante o no, el baile era más bien desagradable, porque había demasiada gente. Por suerte reinaba la decencia y el orden. Hombres de frac, mujeres de vestido largo; los entendidos me aseguraban que ahí estaba lo mejor de la sociedad negra de Nueva York. Victoria volvió a enojarse, porque en una mesa ocupada por ocho personas había dos sillas vacías, pero Silvina y Silvia no se mostraban dispuestas a ocuparlas; tal vez preferían quedarse con nosotros a ocupar esa mesa con personas desconocidas. Victoria se enojó porque no entendía que se negaban por ser tímidas. Perdimos de vista a Victoria. Allá había tanta gente que lo único que podíamos ver era la espalda de la persona que teníamos delante. Juntamos coraje y, como pudimos, mutuamente nos comunicamos el común deseo de partir cuanto antes; pero recapacitamos que si nos íbamos sin prevenir a Victoria, su resentimiento sería justificado. De modo que atajando el resuello —faltaba aire— nos aguantamos en esa comprimida estrechez. Al rato, abriéndose paso trabajosamente, llegó a nosotros Louise Crane. Le pregunté:

—¿Sabe dónde está Victoria?

—No tengo la menor idea —contestó, para agregar después de una pausa—: Victoria se fue hace rato.

Otro episodio que recuerdo fue un almuerzo en el Waldorf Astoria. Después de una larga mañana en la agencia de navegación, para reservar pasajes, y en un banco, para comprar y firmar *traveller's checks*, a eso de la una y media volví a mi hotel. En la mano que estiré para recibir la llave, el conserje dejó caer un papelito, con el mensaje, en inglés: «A la una lo espera su cuñada en el Waldorf Astoria, para almorzar».

A pesar del frío, la corrida trajo un sofocón.

Muy consciente de mi respiración entrecortada y de mi sudor, llegué al restaurante del Waldorf donde divisé a Silvina y a Victoria, que almorzaban con desconocidos. Me los presentaron. Eran Tucci, Du Pernod y otra gente cuyo nombre ahora no recuerdo. Victoria me indicó una silla vacía, entre dos viejas señoras. Tal vez el apuro que ponía en comer se opusiera a mis intentos de relajación; iban por el segundo plato y yo esperaba llegar con ellos al postre. Pensé que un diálogo, cualquier diálogo, fuera tal vez más eficaz para contener el sudor, que el pañuelo mojado que insistentemente me pasaba por la cara; pero emprender conversación no era fácil. La señora que estaba a mi derecha hablaba en italiano, de Italia y de recuerdos comunes, con su compañero de la derecha; la que estaba a la izquierda hablaba en francés, de Francia y de recuerdos comunes, con su compañero de la izquierda. Alguien me entregó un papelito. Vi la firma, una v corta, y después leí sin mayor sorpresa: «No seas mierda. Hablá con las señoras. Son personas importantes».

Tucci resultó agradable, y el primero de una serie de escritores italianos muy diversos, con los que inmediatamente me sentí ligado por una amistad de años (como si la amistad supliera el tiempo): Lampedusa, Piovene, Bassani, Moravia, Morra, Calvino, Buzzati y Sciascia (algunos de los cuales sólo conocí por los relatos). En esa comida Tucci me habló de los *editors* que en el *New Yorker* a menudo le cambiaban a uno el final de los cuentos, le agregaban o suprimían un personaje y aun le agregaban escenas. Me dijo que en las editoriales, para cada novela había un *editor* que cumplía esas funciones. Me explicó también que la publicación de un primer libro era particularmente difícil en Estados Unidos, porque a los editores no les interesaban los libros que vendieran menos de cinco mil ejemplares.

Antes de irnos de Nueva York ofendimos una vez más a Victoria. Nos anunció que nos presentaría a escritores de la *Partisan Review* y nos vimos obligados a confesarle que ya nos los había presentado Ulrika von Külmann. En mérito de su amistad con Borges, Ulrika era nuestra agente en Norteamérica. Nos parecía natural que en un país donde nos veían como escritores irreales tuviéramos un agente ficticio. En la reunión con los escritores de la *Partisan Review*, uno de ellos me preguntó qué vendía *(What do you sell?)*. Me acordé de William Faulkner y el sur, de Ernest Hemingway y las bravuconadas, de Erskine Caldwell y la miseria de los años treinta, y no sin orgullo contesté que no vendía nada. Me previno entonces que yo no iba a interesar a nadie; peor aún, que iba a despertar sospechas. Cuando volví al hotel, mentalmente corregí el diálogo con el pelafustán y llegué a decirle que se cuidara bien de formular su pregunta fuera de Norteamérica, porque iban a despreciarlo. En la escena que yo imaginaba, el hombre se entristecía y para levantarle el ánimo le aseguré que en Europa preguntaban lo mismo, pero con estas palabras: «¿Es usted un escritor comprometido?».

22

En el 49, en el 51, y en el 54, estuve en Europa. Había menos gente que ahora. Podía uno encontrarse de pronto en rincones campestres. Más en Inglaterra que en los países del Continente, pero también en Francia y, por increíble que parezca, en Suiza. En Inglaterra llegué a ver alambrados que no hubieran merecido el menosprecio de un hombre de campo argentino.

En todos esos años uno veía en las grandes ciudades de Inglaterra y el resto de Europa numerosas prostitutas. En Londres, por la zona del Shepherds Market, en Ginebra, no sé precisar por dónde, se las veía y oía en tropeles. Imagino que policías no demasiado severos las arriaban. En el primer sitio donde oí retumbar corridas de prostitutas, fue en el cine Myriam, en la calle Suipacha, frente a la plazoleta Dorrego. En Londres, en el 51, desde mi cuarto del primer piso del hotel, de noche oía las precipitadas corridas de los tropeles de muchachas y su algarabía alegre.

En París parecían menos gregarias y más silenciosas. Abundaban detrás de La Madelaine. En aquel tiempo «detrás de La Madelaine» era una expresión que indicaba personas, hechos o cosas vinculadas con la prostitución.

En Londres, en el 49, más allá de las visibles destrucciones de los bombardeos, los efectos de la guerra se dejaban sentir. Los restaurantes exhibían el menú del día en sus puertas. Cuando indicaban un plato de carne, *steak* o *roast beef*, entrábamos para la más de las veces oír el anuncio: «Ya no queda». A Silvina, que siempre temió debilitarse, esta noticia le caía mal. Cuando nos llegó de Buenos Aires una encomienda con bolsitas de Quaker, no salió más a comer afuera. En un calentador Primus, que escondía debajo de la cama, se preparaba espesas sopas y, derramando lágrimas ante la sola idea de tener anemia, las devoraba. Silvia García Victorica y yo recorríamos restaurantes en procura de bifes.

Con el mozo del hotel, que por las mañanas traía el desayuno en deslumbrantes carritos, profusos de vajilla y manteles y parcos de alimentos, nos hicimos buenos amigos. Tan amigos, que el último día trajo oculto en el bolsillo del pantalón un huevo duro, al que Silvina sacó la cáscara, puso granos de sal y comió jubilosamente.

En Edimburgo rendimos homenaje a Stevenson, en Grasmere, donde pasamos unos días, a De Quincey y a Wordsworth, en Lichfield y en Londres, a Johnson.

En el 51, cuando volví solo a Londres, visité en los altos de la antigua sombrerería Locke, a Graham Greene, que pidió mi franca opinión sobre los obispos argentinos. Con Forster, a quien tenía que dar un mensaje de Sur o de Emecé, no quise pedirle una entrevista. Lo admiraba demasiado para convertirme en una molestia para él. Como todavía ningún libro mío se había traducido, me sentía escritor bajo palabra, quizá dudosa, y además me preguntaba de qué podíamos hablar. Por teléfono hablamos largo y tendido, creo que agradablemente. Imagino que estaría sorprendido y agradecido de que no le pidiera una entrevista. Alan P. Herbert, humorista por entonces asombrosamente popular, y escritor de segunda, me invitó a almorzar en su casa sobre el Támesis. Como buen argentino, yo estaba llegando tarde y a unos cuatrocientos metros de la casa pisé excremento de perro. Caminé complicadamente ese tramo, ya que aprovechaba cada paso para limpiarme el zapato en el borde de la vereda o donde fuera posible. Quizá llegué a la casa de Herbert con mal olor. Nada recuerdo del almuerzo. La memoria eligió el percance del excremento del perro y descartó el resto.

En París pasamos largas temporadas con Silvina. Conocimos y frecuentamos a nuestros queridos amigos Octavio Paz, Elena Garro y su hija La Chata. Vivían en un departamento de la avenida Victor Hugo. A Elena, que antes firmaba Helena, pero que se pasó del paganismo al cristianismo y dejó caer la H, debo que Pierhal tradujera

La invención de Morel y la incluyeran en su colección «Pavillons», de novelas extranjeras, de la editorial Laffont.

Desde aquel entonces, cada vez que llego a París visito a Robert Laffont, el más fiel de los editores. Nunca tuvimos disputas ni siquiera desacuerdos; pero su carácter es un tanto impredecible. Un día me recibió con la noticia de que mis libros se vendían poco y me aseguró que él estaba contento con uno de sus autores, creo que un norteamericano, que escribía con los pies y que acaso por esa única circunstancia lograba que sus libros alcanzaran ventas extraordinarias. En otra ocasión en que le expresé la esperanza de que las ventas de mis libros mejorarían, secamente me preguntó: «¿Por qué? Los buenos libros nunca se venden bien». Como la editorial está sobre la Place Saint-Sulpice, tomé la costumbre de pasar por la iglesia antes de entrar a visitar a Laffont. Mi pretexto era entrar a ver los cuadros de Delacroix, pero aprovechaba la oportunidad para pedir al cielo que Laffont me recibiera auspiciosamente. Nunca se me ocurrió pensar que el carácter impredecible de Laffont tuviera alguna relación con mis, por lo general, intempestivas apariciones. En efecto, por temor de que me prepararan conferencias de prensa, entrevistas en la radio o la televisión, yo no anunciaba mis viajes a Francia. Después de estar un tiempo en París o en alguna provincia, un día aparecía por la editorial y preguntaba por Laffont. Quizá no siempre mi llegada fuera oportuna.

Laffont publicó en 1952 *La invención de Morel*. Desde entonces publicó todas mis novelas, con la excepción de *La aventura de un fotógrafo en La Plata*, las dos antologías de cuentos, *Historias de amor* e *Historias fantásticas*, y mis libros de cuentos *El héroe de las mujeres, Historias desaforadas* y *Una muñeca rusa*. En la editorial conocí a Jean-François Revel, cuya independencia de juicio admiro, y a mis amigos Georges Belmont y Hortense Chabrier. A Belmont le debo la lectura de los libros de Buzzati, escritor con el que estoy emparentado por el tema de no pocos relatos.

Una noche me invitaron a comer Julio Cortázar y Aurora Bernárdez, que me presentaron a Vargas Llosa. Desde entonces, Julio y yo fuimos muy amigos.

También conocí por entonces en París a otros amigos muy queridos: Italo Calvino y su mujer, Chichita, de quienes me había hablado Wilcock. Reiteradamente el destino me unió con Calvino: en 1980, la editorial Kozmosz, de Budapest, publicó en un volumen las traducciones húngaras de *Las ciudades invisibles* y *La invención de Morel*. En 1984 nos confirieron el Premio Mondello, en la versión para italianos a él, en la versión para extranjeros, a mí. En 1985, cuando yo acababa de publicar mi novela *La aventura de un fotógrafo en La Plata*, la televisión de Buenos Aires

129

proyectó un filme basado en un relato de Calvino que se titulaba *La aventura de un fotógrafo*. También conocí en esas temporadas en Francia a mi querida amiga Jill Levine, que tradujo admirablemente al inglés *Plan de evasión* y *Dormir al sol* y que publicó un libro sobre mí: *Key to Bioy Casares*.

En Francia también conocí a Paulhan, que en el trato no era menos inteligente que en sus libros, a pesar de que se empeñó en hacerme admirar una exposición de cuadros pintados por gente que no sabía pintar (característica que compartían con muchos pintores) y que adecuadamente tituló Art Brute. En los *cock-tails* que daba Gallimard y a los que la gente acudía para comer bien, conocí a Tristan Tzara, a quien le aseguré que no había ninguna razón para que leyera mis libros. «Los va a encontrar convencionales», le aseguré. Elena Garro se enojó conmigo y me dijo que por amor propio era una especie de suicida. Yo creo que hablé así a Tzara por realismo, por estar convencido de que un escritor como él no podía encontrar nada aceptable en los textos míos. Si en el tono en que fueron dichas mis palabras había alguna suficiencia, no debe atribuirse a mi voluntad. Octavio Paz me llevó al Café de la Place Blanche, a conocer a André Breton, con la esperanza de convertirme en un admirador del maestro. Breton, con una muchacha indochina a su lado, estaba rodeado de numerosos discípulos, ataviados de poetas, o siquiera en uniforme de bohemios. Era un hombre fornido, más bien bajo, autoritario, como un oficial o un suboficial de algún ejército. Me dijo que había descubierto una escritura por jeroglíficos que le permitiría cubrir las calles de París de mensajes subversivos fácilmente comprensibles para todo el mundo, pero que por ser jeroglíficos, no previstos por la policía, no podrían ser prohibidos. Le pedí que escribiera algunos y pretextó no recordarlos debidamente y le dijo a la muchacha indochina: «Tráeme los papeles de los jeroglíficos. Están en casa, sobre el piano, debajo de la calavera». La muchacha fue, no los encontró y volvió. La muchacha debía de ser lo mejor que tenía Breton.

En el 49 y en el 51, viajamos en un automóvil desde Francia, por Suiza, a Italia. En el 49 nos acompañaron Enrique Drago Mitre y Silvia García Victorica; en el 51, Johnny Wilcock y Marta Mosquera. En Aix-en-Provence, tal vez porque todavía se economizaba electricidad, como en los años de la guerra, a las diez u once de la noche, los hoteles cerraban. Wilcock salió a conocer la ciudad, se perdió y, cuando volvió al hotel, estaba cerrado. Durmió en un baldío, tapado con papeles, diarios y piedras. Marta Mosquera era extremadamente imaginativa y animosa. No quería omitir punto señalado en las guías como de interés turístico que estuviera en nuestro camino. A regañadientes consentíamos a veces a un rodeo; cuando resignados contemplábamos la iglesia, el castillo, la estatua o el cuadro en cuestión, Marta seguía interesada en rencillas de escritores y cosas de Buenos Aires y nos hablaba ininterrumpidamente. Con alguna irritación la exhortábamos a mirar lo que tenía por delante.

En Italia, en el 49 y en el 51, yo leía un diarito del ejército norteamericano, porque solía traer noticias de la Argentina. Un día leí con alguna curiosidad en ese diario la descripción de una máquina que proyectaba imágenes tridimensionales, en un todo idéntica a las personas, animales, plantas y cosas que reproducía. Me divirtió la idea de que alguien hubiera leído *La invención de Morel* y que fingiera que existía la máquina. Debió de parecerme improbable que en tan poco tiempo la realidad la hubiera logrado. No sé qué hice con ese ejemplar del diarito; debí de guardarlo, pero negligentemente, porque no recuerdo haberlo tenido otra vez ante mis ojos.

23
Miscelánea de recuerdos

Todo ciego requiere un lazarillo

Una noche, después de una reunión en casa, Mastronardi exclamó: «Genca está poderosísima». Gracias a este comentario advertí la belleza de Silvia Angélica, la sobrina de Silvina. Poco después fuimos amantes y empezó para mí un largo período de querer mucho, de ser muy querido, de vida atareada, con tenis a la mañana, amores por la tarde, lectura y escritura no me pregunten cuándo, pero puntualmente cotidianas, como lo atestiguan mis libros y diarios de la época.

Un amor en Nueva York

La chica que atendía en el guardarropas del hotel Savoy Plaza de Nueva York era una irlandesa muy hermosa. Fuimos al cine, nos besamos, me regaló una liga y me mandó un telegrama al *Majestic*, barco en el que partimos, mis padres y yo, hacia Europa. Yo iba con el corazón roto.

Lo que pudo un jugo de naranjas

Una joven argentina llegó de Francia rodeada del prestigio de su hermosura y de su talento literario. Xul Solar la nombró socia honoraria del Pan Club y la consideró la neobelleza por excelencia. Por un golpe de suerte, esta muchacha me citó para tomar el té en la confitería de Gath & Chaves. Era un día de calor. Yo estaba sediento y, antes de salir de casa, bebí una naranjada. El resto del día, quedé doblado en ángulo recto por el dolor de estómago. Imaginé las explicaciones que daría a la neobelleza para justificar mi ridícula postura. Todo eso me pareció muy complicado y opté por faltar a la cita. Mi conducta despertó la curiosidad de mi nueva amiga, que desde entonces me mira con cierto respeto.

Sorteando peligros

De regreso de Las Parvas, la estancia materna de los Menditeguy, metí mi Chrysler en un pantano, en los alrededores de Luján. A unos gauchos de a caballo les pedimos que sacaran el coche con la cuarta. Así lo hicieron. Esa noche dormimos en un hotel de Luján. Cuando el patrón supo quiénes nos habían salvado, no pudo creerlo, porque eran asaltantes que andaban sueltos nada más que por la venalidad de la policía. Tal vez nos perdonaron por ser nosotros tan jóvenes. Cómo lo seríamos que Charlie (apenas un año menor que yo) lloraba por no poder sacarse las botas.

Algún tiempo después, poco faltó para que encontráramos la muerte en casa de los Menditeguy. Era verano. La casa estaba deshabitada. Entramos al ascensor y apretamos el botón del piso alto; entre dos pisos, se detuvo. Quedó una abertura, casi una ranura, por la que no lográbamos pasar; Charlie ensayó y pudo; cerró una puerta entreabierta, el ascensor se puso en movimiento y salimos de esa cárcel mortal.

Regalo de Reyes

Caía la tarde. Yo estaba en nuestro cuarto en San Martín, Vicente Casares. Oí, afuera, un rumor de ruedas y de caballos. Me acerqué a la ventana. Entre los bultos que traía de la estación el vagoncito de la estancia, vi, emergiendo del papel que los envolvía, muy erguidos, el cuello y la cabeza del caballo de madera que yo había pedido a los Reyes Magos.

S.O.S.

En el *Esequibo*, un barco de la Pacific Line, viajamos a Cuba (de donde seguiríamos a Estados Unidos). A la altura del Perú, acudimos en socorro de un barco llamado el *Mapocho*, que había encallado (lo vimos: parecía trepado en la costa). De nuestro barco dejaron caer al mar uno de los dos botes salvavidas a motor. Para manejarlo bajó un oficial con varios marineros. Desde la borda vimos cómo el bote hacía agua apremiantemente mientras los marineros intentaban en vano poner en marcha el motor. Antes de que el bote naufragara, llegaron señales del *Mapocho* de que ya no necesitaban nuestro auxilio.

En el curso de la siguiente semana, en alta mar, una noche nos despertó la sirena de alarma por inminencia de naufragio. A decir verdad, despertó a mis padres, porque a mí me despertó mi madre, con un no muy alarmado «che, che, che». En medio de la confusión que reinaba en el barco, ningún oficial se comidió a explicarnos qué pasaba. Mi padre y unos polistas argentinos fueron al puente de mando y exigieron explicaciones del capitán. Había entrado agua, pero gracias a un sistema de compuertas, quedó aislada esa parte del barco.

Gracias a Cervantes

Cuando leí el primer capítulo del *Quijote*,

donde el héroe resuelve alejarse de su aldea y de los suyos, para salir en busca de aventuras, sentí ansiedad por su suerte. Admiré a Cervantes por aquella leve ansiedad que despertaba en mí y decidí ser escritor para provocar una ansiedad análoga en los lectores.

Un amor no compartido

Siempre me entristeció por la noche el caer de las pesadas gotas de las goteras en un cacharro... Tal vez me recordaban noches de lluvia en la querida casa del Rincón Viejo. Ahí, oyéndolas, pensaba que mi madre también las oía y que para ella eran una prueba más de que debíamos arrendar la estancia.

Generosidad oculta

Uno de mis tíos políticos, hombre tan adinerado como ahorrativo, se levantaba diariamente antes del amanecer, se vestía, tomaba un tranvía y bajaba a la altura de los bosques de Palermo. Caminaba un rato por allá; hacía ejercicios respiratorios; introducía una plumita en sus oídos y se complacía con las cosquillas que procuraba.

De vuelta en su casa, se desvestía, llenaba la

bañadera de agua fría; fuera de ella se jabonaba el cuerpo desnudo y luego se sumergía en el agua y pasaba allí un rato inmóvil. Se secaba, se envolvía en un poncho, se echaba en la cama y dormía un breve sueñito. Después, se preparaba unos mates, los tomaba, se vestía, y en tranvía, se encaminaba al centro. Visitaba en sus escritorios a hombres de negocios y a abogados, se enteraba de los precios de los bienes raíces y de la marcha de los mercados. Cuando mi padre pasó momentos angustiosos porque el procurador del estudio robó el dinero de clientes, la única persona de la familia que le ofreció la suma que necesitara, en préstamo sin intereses, fue mi tío, el que describo en estos párrafos.

Ay, no soy mi padre ni mi abuelo

En 1935, cuando yo tenía veintiún años, llegué a Pardo, para hacerme cargo de la estancia. Desde el segundo o tercer día recibí la visita de unas cuantas personas que de algún modo esperaban que yo les arreglara la situación, o quizá les consiguiera una compensación por lo que les había tocado padecer. El primero en visitarme fue Cipriano Cross; quizá convenga que, en lugar de contar los acontecimientos históricamente, empiece por decirles lo que había ocurrido.

En el último potrero del campo, que linda con

138

el de la laguna de los cisnes, poco tiempo atrás encontraron asesinado, no lejos del rancho donde vivía, a don Juan P. Pees. Este hombre había olvidado el bearnés natal y no había aprendido el español. Tenía barba, se vestía con la ropa que tiraba su hermano (del mismo nombre, Juan P. Pees), y todos los meses cobraba una suma bastante considerable por el arrendamiento de unas hectáreas de campo de su propiedad. Cuando lo asesinaron había recibido esa mensualidad y todavía no se la había dado a su hermano, como era su costumbre, para que la trabajara. La policía de Las Flores desconfió de los vecinos, los interrogó, sin llegar a esclarecer el hecho. A Cipriano Cross, que me aseguraba que él era «el del dolor», le sumergieron la cabeza reiteradamente en agua con carne podrida y lo tuvieron toda una noche colgado de las muñecas de la viga de la comisaría. El me dejó entrever que sospechaba de Chorén, alias Anchorena, y sobre todo, de Juan P. Pees, el hermano del difunto. Me contó que a éste le había dado unos chirlos en sus anchas piernas, haciéndolo saltar, y le había arrancado el juramento de que nunca volvería a encontrarse con él.

Chorén era un gallego tan sucio como bondadoso, que se reía cuando me contaba cómo lo torturaban aplicándole una picana eléctrica en la calvicie. Los policías de Las Flores venían el sábado a la mañana, aprovechaban la electricidad del coche para torturarlo, y luego se volvían a Las Flores con algunas gallinas y patos que Chorén les regalaba.

El otro sospechoso (para Cross, porque la policía nunca lo interrogó) era José Pardo, un hombre respetado por su extraordinaria puntería. Un enemigo que tuvo se atrevió a darle un balazo a su yegüita (a quien las malas lenguas consideraban su novia), y después de eso se alejó del pago. Para completar la semblanza de José Pardo, diré que, aunque muy gaucho, tenía luz eléctrica en su rancho y solía andar por el pago en motocicleta. Años después perdí la combinación y la llave de una caja de fierro. Un experto del Banco Francés consultado por mí aseguró que abrirla le tomaría una semana. A mi pedido intervino José Pardo, y en el tiempo que me llevó almorzar, consiguió abrirla.

Poco a poco fui comprendiendo que la gente esperaba de mí lo que estaba acostumbrada a esperar de mi abuelo y de mi padre: la solución a sus problemas. Comprendí también que inevitablemente los defraudaría.

La imagen de la felicidad

A Silvina y a mí las casas rodantes nos parecían la imagen de la felicidad. Viajar y llevar la casa a cuestas, ¿podía pedirse algo mejor? Para nuestro viaje a Córdoba nos decidimos a comprar una. Las de la marca Tuiter nos parecieron las más atractivas: tenían dormitorio-comedor con baño y cocina. Pensé que antes de comprarla debía proponerle al fabricante una modificación: el cambio de las ruedas por unas iguales a las de mi Chrysler, para que la de auxilio del coche sirviera para la casa rodante. Emprendimos el largo viaje a Córdoba. Drago y yo íbamos en el auto, Silvina y mi perro danés *Ayax* en la casa. Después de un rato, notamos que frecuentemente el coche parecía frenarse, como si por momentos lo tironearan hacia atrás. A mitad de camino comprendimos el motivo de estos tironeos: las ruedas del Chrysler eran un poco más grandes que las planeadas para nuestra Tuiter. Esto hacía que al menor cabeceo la carrocería de la casa tocara las ruedas y las frenara. Paramos en las afueras de Rosario para dormir. Silvina había cocinado una olla de sopa de Quacker y en alguna maniobra la volcamos sobre la ropa que llevábamos para nuestra temporada en Córdoba. Esa noche dormimos bastante bien, aunque varias veces nos despertaron curiosos que se acercaban a las ventanas para ver qué había en el interior. Llegamos a Córdoba después de un viaje larguísimo, con el motor del auto descompuesto. La moraleja que nos pareció evidente era que no había que confundir las imágenes de la felicidad con la felicidad misma.

Mi estreno en la televisión

En el 88, los que me habían dado el premio Isola di Capri me persuadieron de que me asomara a la televisión. Por gratitud hacia ellos, acepté. La sesión iba a ser en la RAI, en Roma. Recuerdo que en el hotel me dije: «Ya que para presentarme en público no sirvo, por lo menos cuidaré mi aspecto físico». Empecé a afeitarme, cuando llamó desde Holanda Gloria Blanco. Olvidé que la afeitada estaba a medio hacer, y elegí un pantalón gris de franela que, colgado de su percha, parecía impecablemente planchado. Poco después llegó un automóvil a buscarme. Me senté en el asiento de delante, a la derecha del conductor. Cuando abrí las piernas para acomodarme y bajé los ojos, casi grito de disgusto: mi bragueta se abría y la seda del forro del pantalón configuraba una mariposa con las alas abiertas. Sobre la pierna derecha, había una sucesión de agujeros que trasparentaban, primero, el calzoncillo, después, la pierna.

—Así no puedo ir a la televisión —gemí. Volvamos al hotel para que me cambie de pantalón.

—No hay tiempo —dijo implacablemente el conductor.

—Lléveme a cualquier negocio donde pueda comprarme unos pantalones.

—Son las cuatro y media y hasta las cinco y media todo está cerrado en Roma. Usted ya tendría que estar en la RAI.

Me dije que estaba perdido y me pasé una mano por la cara. Descubrí, entonces, que el lado izquierdo estaba afeitado y el derecho no. Perdido por perdido, procuré darme coraje. En la RAI me hicieron sentar frente a una cámara. Yo tomé mi saco con la mano derecha y traté de tapar con él la parte rota del pantalón. El *cameraman* me hacía respetuosos signos de que llevara mi saco y mi mano hacia la derecha; yo respondí dejando la mano donde estaba, en una actitud rebelde y disuasiva.

Menos pensamiento que precisiones

En una reunión en casa, me acerqué a un grupo formado por Pedro Henríquez Ureña, Amado Alonso y, un poco más allá, Carlos Mastronardi. Los dos primeros mantenían un tipo de conversación usual entre escritores: «Fulano de Tal nació en...». «Su primer libro es...» «Pero el que le dio fama es...» Algo alejado, Mastronardi movía pendularmente la cabeza y comentaba: «Datos, fechas; fechas, datos...».

Pertenezco al mundo campesino

En *La sentencia memorable* de Sciascia, encontré este párrafo: «El vender la tierra era considerado, en la tradición vasca y familiar, como una de las cosas que nadie podía hacer sin faltar con ello a la sabiduría y al honor (y también, en el mundo campesino que nos es más cercano, la incitación a vender un terreno es considerada ofensiva y obtiene habitualmente la orgullosa respuesta de "Yo compro, no vendo")».

Aunque por diversas razones puedo ser considerado un hombre de ciudad, debo pertenecer al mundo campesino. Cuando manejé el campo, no sólo no vendí hectáreas sino que compré las de vecinos que se ofrecían en venta. Desde un principio advertí que no era buen administrador; me faltaban virtudes para ello; no era capaz de poner la debida atención en la parte comercial del oficio de estanciero. Tuve, quizá, el modesto mérito de compensar mis limitaciones de un modo que requería un esfuerzo económico pero no el discernimiento del que no disponía.

Con sus padres.
Rincón Viejo,
Pardo, prov. de
Buenos Aires,
ca. 1916

Su madre, Marta Casares

Su padre, Adolfo Bioy

En Vicente Casares, prov. de Buenos
Aires, ca. 1917

Rincón Viejo, Pardo, ca. 1922

De izquierda a derecha: Carlos Menditeguy, Enrique Drago Mitre, Adolfo Bioy
Casares y Julio Menditeguy

Termas de Cacheuta, Mendoza, ca. 1922

Con sus padres. Gizeh, 1928

Foto del pasaporte, febrero de 1924

Jugando a bordo,
ca. 1930

Con su perro *Ayax,* ca. 1931

Con su perro *Ayax.* La
Cumbre, Córdoba, ca. 1932

Arriba y *abajo*: Rincón Viejo, estancia de los Bioy en Pardo

Con su madre, Marta
Casares. Palermo, Córdoba,
Buenos Aires, ca. 1950

Con su padre, Adolfo Bioy. La Cumbre, ca. 1932

Retrato de Adolfo Bioy Casares
hecho por Silvina Ocampo

Adolfo Bioy Casares, ca. 1942

Adolfo Bioy Casares y Silvina Ocampo, con los perros *Dragón* y *Sacastrú,* hijo de *Ayax.*
Rincón Viejo, Pardo, ca. 1938

Con Silvina Ocampo. Parque Lezama,
Buenos Aires, ca. 1939

Con Alejandro Pulman, su profesor de idiomas. Pardo,
ca. 1939

Silvina Ocampo y Jorge Luis Borges. Buenos Aires, ca. 1940.
Fotografía de Adolfo Bioy Casares

Con Silvina Ocampo. Rincón Viejo, Pardo, ca. 1938

En Rincón Viejo, Pardo, ca. 1938. Fotografía
de Silvina Ocampo

Silvina Ocampo, ca. 1930

Su padre, Adolfo Bioy. Rincón Viejo, Pardo, 1961. Fotografía de Adolfo Bioy Casares

Con su hija, Marta
Bioy. La Silvina,
Mar del Plata, 1959

Silvina Ocampo, Marta Bioy,
Adolfo Bioy. Rincón Viejo,
Pardo, ca. 1955

Leyendo a Hugh Walpole. Rincón Viejo, Pardo, 1965

Historia de mi familia

24

Los Bioy son de Oloron-Sainte-Marie, en el Béarn, una región surcada por *gaves*, ríos de montaña, encajonados, que atraviesan los valles; porque los franceses de esa región eran los que en mayor número llegaban a España, los españoles dieron el mote de gabacho a todos los franceses. Yo creí siempre que éramos bearneses y mis parientes de Pau confirmaron mi convicción. Por su parte Jean Bioy, que vivía en Hasparren, en el País Vasco, me aseguró que éramos vascos, porque los valles del Aspe y de Oloron, antes de ser bearneses, fueron vascos. Mi prima Paulette Bioy de Souviron rechazó de plano esta hipótesis y se mostró poco dispuesta a que la cambiaran de patria. Fue ella quien me hizo notar que Enrique IV había anexado Francia al Béarn. En cuanto al significado del nombre Bioy, me llegaron diversas versiones: para la que juzgo mejor, Bioy significaría «uno contra dos»; para la peor, sería una deformación de *béroile*, bonito; para la tercera versión, menos honrosa tal vez que la primera pero también menos ridícula que la segunda, significaría «dos robles». Mi prima

Margot Bioy de Saubidet me dijo que alguien opinaba que nuestro nombre sería de origen griego y me señaló, como circunstancia curiosa, que no hubiera ningún Bioy fuera de nuestra familia.

Mi abuelo Juan Bautista nació en Oloron-Sainte-Marie, en 1838, hijo de Antoine Bioy y de una señora Poey. Según mi padre el viejo Antoine Bioy estuvo en Pardo en 1835, arrendó lo que después sería nuestro campo y construyó la parte más antigua de la casa. Margot niega este viaje de nuestro bisabuelo.

Cuando llegó de Francia, mi abuelo trabajó con sus amigos los Udaondo, en Buenos Aires; arrendó después un campo en la Guardia del Monte, luego uno en la Naranja (antes la Colorada y ahora Doctor Domingo Harostegui). Se casó con Luisa Domecq, nacida en Jasses, en 1844, hija de Pierre Domecq y de Marie Mirande. Mi abuela vino a la Argentina a los catorce años de edad, con una hermana de dieciséis, y estuvo viviendo en casa de sus tíos Mirande, que trabajaban en el ferrocarril francés y que se ocuparon de mandarlas a un liceo. Los Domecq o Dumecq son de Jasses, cerca de la ciudad fortificada de Navarrenx. Pertenecían a la pequeña nobleza y miraban con algún desdén a los Bioy, que eran burgueses y originalmente hugonotes. A su vez los Bioy miraban con algún desdén a los Domecq, porque estaban «tronados». Los Bioy eran ferreteros ricos. El viejo Xavier tenía porte distinguido; según mi tío Juan Bautista, debió de ser contrabandista, porque incesantemente viajaba a España, donde clavos, tornillos, bulones, eran más baratos que en Francia. Cuando pasé una temporada en Pau, me trataron muy bien en un garaje porque recordaban con cierto deslumbramiento el automóvil Rochet Schneider doble faetón de un viejo señor Bioy.

A fines de la década de 1850 mi abuelo se mudó con su mujer al Rincón Viejo, en Pardo. En realidad, por aquella época se lo conocía como El Sauce, porque así se llamaba una proveeduría que tuvo mi abuelo, sobre el camino real. Después, por sugerencia de alguno de mis tíos, llamaron el Rincón Viejo a la estancia, tal vez para olvidar la proveeduría y porque la casa estaba en las proximidades del primer rincón del primer alambrado que por allá tendieron.

Mi abuelo tuvo siete hijos varones (de los cuales uno, Emilio, murió a poco de nacer) y dos mujeres. En no sé qué ocasión, en que todos sus hijos varones estaban vestidos de etiqueta, mi abuelo, con algún orgullo comentó que dejaba un plantel Bioy suficiente para poblar el país. Se equivocó. Después de la muerte de mi primo Juan Bautista, llamado el Cabito, el único Bioy de sexo masculino que queda en el país soy yo. En Francia quedan hijos del doctor Edouard, de Jean y de algunos más.

Según lo que siempre me dijeron, tres de mis tíos se suicidaron: Xavier, Enrique y Pedro Antonio; según mi prima Margot, Xavier no se suicidó, sino que murió de enfermedad. Mi padre me dijo que Xavier tuvo sífilis y que enloqueció.

Enrique era muy querido por mis padres. Parece que en el año en que se suicidó perdió plata en «negocios raros», se llevó el disgusto de que su prometida, una señorita Udaondo, rompiera con él y se obsesionó con la idea de que su hermano menor, Augusto, por el hecho más o menos fortuito de que en un viaje de sus padres hubiera nacido en Francia, fuera a pelear en la guerra contra los alemanes. Augusto, a quien llamaban el Francés y era el menos francófilo de la familia, no mostró ninguna inclinación por el proyecto. Ante esta situación, Enrique empezó a decir que él se alistaría.

Una tarde de 1917 mis padres debían viajar a Pardo con Enrique, pero a último momento éste dijo que se quedaría, por un compromiso que había olvidado, y que al día siguiente llegaría a la estancia. Al día siguiente llegó el telegrama: ENRIQUE MUY MAL. Juan Bautista, en su estancia Los Pirineos, recibió un telegrama idéntico y pensó: «Se ha suicidado». Así fue. Creo que se suicidó en el Jockey Club.

Hacia 1950 mi padre me regaló su reloj de bolsillo, objeto que él quería mucho. Yo le dije: «¿Por qué no me das el de Enrique?». Era casi igual al suyo, y con las iniciales E.H.B. Porque Enrique se había suicidado, supersticiosamente mi padre no quiso que yo lo tuviera. Le pregunté qué significaba la H., grabada en su reloj. Mi padre me dijo: «Enrique pensaba que su nombre era demasiado corto y le agregó esa inicial para alargarlo». Según mis *Diarios*, el 19 de julio de 1964 tuve una conversación con Antonio Santamarina, muy amigo de casa y, especialmente, de Enrique, su coetáneo. Riendo por los buenos recuerdos que evocaba, antonio exclamó: «¡Hilarión... Enrique Hilarión... le decíamos Farfarulo!... Le gustaba la paquetería... Estuvimos en París, en 1911, y caminaba por los Champs Elysées de *jaquette* y galera alta... ¡Paquetísimo!». ¿Realmente había adoptado esa H y los amigos, para «titearlo», la interpretaban como si correspondiera al nombre Hilarión, que reputaban ridículo? ¿O de verdad se llamaba Hilarión? Pienso que si se hubiera llamado así y que si Hilarión le pareciera un nombre absurdo, no hubiese mantenido la H para firmar su tesis de doctorado en Derecho. Pobre Enrique Bioy, de sus virtudes —inteligencia, generosidad, encanto— tan ponderadas por mis padres, como si fueran esencias volátiles, nada recogí en estas páginas.

En cuanto a Pedro Antonio, lo recuerdo perfectamente. Era flaco, como mi padre y como yo, y muy afable. El Banco del Azul, del que era presidente, se declaró en quiebra, por manejos de algún gerente. Pedro Antonio se consideró responsable y se pegó un tiro. Según creo, lo encontraron muerto en la gruta que había en las barrancas de la Recoleta. Hay quien dice que demolieron esa gruta porque atraía a los suicidas y porque servía de escondite a las parejas de enamorados. Había una gruta similar en la plaza Constitución.

De Juan Bautista y de Augusto guardo muy buenos recuerdos. Juan Bautista me apadrinó con sus excelentes consejos, cuando empecé a trabajar en Pardo, en 1935. En mi infancia, Augusto me sacaba a pasear y me llevaba al jardín zoológico, mi paseo favorito. Para mis cumpleaños me traía regalos maravillosos.

Mi primo, el Cabito Bioy, buen poeta, de muy escasa obra, era obsesivo. Las obsesiones le duraban cierto tiempo y después cambiaban. Hubo períodos en que no se podía conversar con él, sin que en algún momento preguntara: «¿Vos no creés que, entre los de ahora, y quizá entre los de cualquier época, nuestro mejor prosista, y probablemente nuestro mejor escritor, sea Ricardo Güiraldes?». Pasó el tiempo y llegó el día en el que Cabito me preguntó si yo no creía que un escritor totalmente carente de aptitudes para su oficio y que realmente merecía el calificativo de pésimo era Ricardo Güiraldes. Con Lugones, con Payró, autor de *Viuda, rica y estanciera*, tuvo obsesiones parecidas, con un período de fascinación por la obra, seguido de otro de rechazo y menosprecio.

Mientras vivió su padre, con quien no se llevaba demasiado bien, parecía un muchacho normal; después se descuidó. Escribía poco, leía bastante, pensaba continuamente, aunque a veces con

152

alguna confusión. Era muy cortés. Xul Solar, el gordo Mosquera, Jorge Calvetti, lo veían a menudo y a veces lo visitaron en la estancia Los Pirineos, en Bolívar. No se ganó la vida trabajando, salvo por un período en que fue mandadero de una librería frente a la Plaza del Congreso. Cuando iba a visitar a Borges en la Biblioteca Nacional, en las primeras oportunidades trataron de impedirle la entrada porque lo tomaron por linyera.

La gente que lo conocía lo quería mucho. Un ex cocinero del Hotel Español, cuando mi amigo el kinesiólogo Quiveo le dijo que me tenía de paciente, insistió en que él era amigo de Bioy y por eso sabía perfectamente que había muerto. «Yo atiendo al escritor», aclaró Quiveo. «Ya sé que es escritor. ¿A quién se lo dice? En el café (de la Avenida de Mayo, donde una tertulia de amigos se reunía por las noches), todos lo llamábamos el Poeta.»

Cuando cayó enfermo, Calvetti solía visitarlo en el hospital. Murió cantando tangos y coplas contra los militares del Proceso. El día de la muerte, la familia buscó en vano la llave del sepulcro de la Recoleta; súpose después que la tenía mi prima Nina Bioy Goroztiaga, en Ufcó, partido de Tapalqué. Como no había dónde llevar el ataúd, un capitán de navío le dio hospitalidad en el sepulcro de su familia.

Las rabietas de los Bioy aparecen como un carácter heredado o adoptado por imitación. Según

Margot, mi abuelo, al final de su vida, fue muy cascarrabias. Los nietos conocían el largo de su bastón y se mantenían a la distancia necesaria para no recibir golpes. Mi padre, cuando yo era chico, matinalmente tenía rabietas. Carlos Mujica, el mucamo peruano, a quien mi padre quería bastante, era su resignada víctima. Años después, también por la mañana, en el estudio martirizaba a su ordenanza Ernesto Pissavini, hombre muy querido por él, por mí, y por todos en casa. Ocasionalmente las rabietas alcanzaban la hora del almuerzo; mi madre, entonces, lo miraba con imperturbable seriedad y no le hablaba; al rato partía mi padre a su cuarto, y yo me esforzaba en ablandar a mi madre y, cuando, finalmente, lo lograba, iba a buscar a mi padre y le aseguraba que podía volver a la mesa. Con el paso del tiempo las rabietas de mi padre amenguaron hasta desaparecer, como los lumbagos, en los últimos diez años de su vida.

Margot me dijo que en la intimidad, secretamente, el Cabito era cascarrabias. Yo lo fui en la infancia, pero la desaprobación que expresaba mi madre me curó.

Como decía, los Domecq eran de Jasses, en el Béarn. Provendrían de un guerrero, probablemente soldado, que en el siglo XII participó en el sitio de Tolosa y que sin duda para alabar a su jefe se puso a gritar: *«Doumecq! Doumecq!»*, lo que en su dialecto debía significar «De mi señor» o «De mi casa».

Un Domecq, de los que tenían viñedos en España, fue a Inglaterra y formó una sociedad para la importación de jerez, con sus dos amigos, James Ruskin (padre del escritor) y Henry Telford. La contribución de cada uno era la siguiente: Domecq ponía el saber, Telford, las relaciones sociales, y Ruskin, el dinero.

Una amiga de infancia del escritor Ruskin, fue Adèle Clotilde Domecq, la hija mayor del socio de su padre. Ruskin se enamoró de ella y le declaró su amor en una carta escrita en francés. Tan duramente se había burlado Adèle Clotilde, primero del francés y después de los sentimientos de su enamorado, que éste quedó impotente para el resto de la vida.

Además de mi abuela y de su hermana, vinieron a Buenos Aires los tres hermanos varones, Juan, el mayor, Enrique y Pedro. Trabajaron en la provincia de Buenos Aires, tuvieron campo y sembraron hijos. Juan se volvió con algún dinero a Francia y allá se casó con una corista de apellido Paris. No tardó en morir; la casa solariega, para escándalo de mi abuela y, en cierta medida, de mi abuelo, que habló de comprarla, pasó a la familia Paris. Yo, en algún viaje, en el 67 o en el 70, visité esa casa. Una ruta departamental la había partido en dos: una mitad es todavía una vivienda aceptable; creo recordar que la otra no es más que un pasillo y un desván.

Según mis recuerdos o mi interpretación de los que me contó mi padre, los viejos Domecq fueron sepultados en una tumba subterránea, una suerte de cuarto donde estarían vestidos con su mejor ropa, en sillones y en actitud de conversar. Cuando estuve en Jasses, pedí que me mostraran las tumbas de los Domecq. Me llevaron hasta una vieja iglesia; en el jardincito adjunto había unas cuantas lápidas de mármol que me parecieron similares a las que se ven en cualquier cementerio; en una leí el nombre Domecq; en otras, Paris. No pregunté nada, acaso por timidez. No quisiera que el lector imagine que mi padre era mentiroso; en más de una ocasión tuve la sospecha de que preferiría, como buen tusitala, contador de cuentos, el cuento a la realidad. Borges creía que por ser la realidad un sueño, no era más real que un relato; y entre el relato posible, hijo de la inteligencia, y la realidad, hija del azar, prefería el relato. Así, dijo alguna vez que el primer libro de Mark Twain que había leído era *Adventures of Huckleberry Finn*, porque le gustaba y había influido en él, y no *Tom Sawyer*, que no le gustaba y no le pareció estimulante, pero que, «por estupidez de la realidad» fue el primero que leyó. Puedo asegurar que no recuerdo ninguna afirmación o historia de mi padre que no recibiera con el tiempo la justificación de su veracidad.

Entre los primeros poemas que escribí, hacia 1937, en Pardo, hay uno sobre esos Domecq a los que habían sepultado sentados en sillones y vestidos de etiqueta.

Como hubo primero inquina entre los Domecq y los Bioy, después la hubo entre los Bioy y los Casares. Mi madre estaba persuadida de que los Casares (una tribu, según la expresión de Mansilla) eran la sal de la tierra y no miraba con los mejores ojos a su familia política. Según ella, cuando llamaban por teléfono, había que temblar: era para molestar a mi padre. Un caso que tal vez sirva de ejemplo fue el de un primo que estudiaba Derecho y consiguió que le construyeran un cuarto en la azotea de la casa, para aislarse y estudiar mejor. No daba exámenes sin obtener diez y ser felicitado por la mesa examinadora. La familia comprendió que cualquier sacrificio para facilitarle el estudio estaría plenamente justificado por la medalla de oro próxima. Llegó el día en que hubo de renunciar a tales esperanzas, porque por casualidad se descubrió que mi primo no estaba inscrito en la facultad, no había estudiado nunca ni dado ningún examen. Recomendado por mi padre entró en un banco donde por mérito propio llegó un día a ser cajero y, otro, a huir a Montevideo con el contenido de la caja.

Tal vez por esa malevolencia familiar yo vi con mayor asiduidad a mis primos Casares que a los Bioy. Ultimamente mi prima Margot me contó que en su casa no querían que ella y sus hermanos me vieran mucho, porque yo decía malas palabras, defecto que atribuían a mi trato con los Casares. La noticia fue inesperada para mí. Yo no digo habitualmente, ni creo haber dicho, malas palabras; cuando en París mi padre se encontró con Oliverio Girondo y le oí a éste decir con naturalidad e indiferencia palabrotas, quedé asombrado. Ahora pienso que lo que tal vez me asombró no fueran las palabrotas, sino las palabrotas en boca de una persona grande y con aire de señor. También pienso que lo que le dijeron a Margot tal vez no estuviera tan lejos de la verdad. Para la comunión me confesé con monseñor Devoto. Con voz engolada y alta me preguntó qué pecados cometía. Le dije que fornicaba. «¿Con varones o con mujeres?», preguntó. Me apresuré a asegurarle que solamente con varones, porque en casa me habían hecho creer que fornicar era decir malas palabras.

La convicción de mi madre y de todos los Casares de que ellos eran superiores al resto del mundo me divertía a veces y me trajo desilusiones. Mi tío Justiniano, una muy buena persona, no sentía la menor simpatía por parte de su familia política y le oí hablar de una marquesa de Trompadur y de un marqués de la Tiza. Mi abuela, un poco patéticamente (¿no era, acaso, una Lynch?), compartía la ciega convicción de que los que no eran Casares, yernos y nueras, eran un bando forastero (foráneo, dirían ahora) que en lo posible había que marginar. Así marginó de su testamento a Vicente R. Casares (el hombre que a la muerte de su padre salvó a la familia de la ruina) y dejó el casco de la estancia San Martín a un hijo soltero, no contaminado por mujeres de otras familias, pero tarambana. También era patética la admiración de mi madre por su padre y sus hermanos. Desde luego, Justiniano era un personaje curioso, extraordinario por lo sufrido para el dolor y por infinidad de habilidades manuales. Era un excelente carpintero, con una prodigiosa versatilidad para tocar instrumentos musicales. Yo diría que Miguel era lo que se entiende por la expresión «persona encantadora». Era hombre de vastas lecturas y excelente sentido del humor. Almorzaba en casa todos los sábados y todos los sábados y domingos iba con mis padres al cinematógrafo. Vicente era para nosotros el patrón de la estancia de San Martín y siempre presidió el directorio de La Martona. Cuando mi abuelo murió, esa empresa estaba al borde de la quiebra. Vicente, que era muy joven entonces, la convirtió en la lechería más importante del país; Martona y lechería fueron para el porteño, durante muchos años, sinónimos. Mi abuela dejó en su testamento el casco de la estancia a su hijo Gustavo, y Vicente se encontró con que la casa que había construido quedaba en manos de un hermano al que había tolerado como director de la empresa aunque siempre mostraba méritos para que lo echaran. Ese testamento dejó a la familia peleada y trajo la decadencia de la empresa. A mí me sirvió para llegar a la conclusión de que en la soledad todos podemos ser arbitrarios y de que el diálogo con el prójimo es necesario para mantener la cordura. Solos somos capaces de cualquier desatino. Por eso los testamentos son bombas que destruyen la unión de las familias.

25

Los Casares de mi familia son de San Pedro de Abanto, en el valle de Somorrostro, en Vizcaya. El primero que llegó al Río de la Plata fue un Vicente de Casares y Murrieta. Vino solo, a los quince años, y trabajó de dependiente en la casa de comercio de un señor Juan Garay. A los pocos días de su llegada ocurrió la segunda invasión inglesa. Casares se alistó en el batallón de voluntarios de Cantabria. Peleó en las jornadas del 2, 3 y 4 de julio, del puente de Barracas y de los corrales de Miserere y, en el ataque general de la plaza, del 5 de julio de 1807 en el que se rindió el coronel inglés Sir Denis Pack. Entró con su batallón en el convento de Santo Domingo, vivando en vascuence a las fuerzas leales. A los veinte años se casó con una señorita Rojo, hija de quien fue tesorero del virreinato.

Nicolás Anchorena y un señor Lonel lo mandaron a Europa, con un fuerte cargamento de frutos del país. En Londres representó a la casa Anchorena y Lonel, conoció a mucha gente, y se le recibió en la bolsa de comercio. Para mejorar su inglés, se inscribió en un colegio y este hombre casado fue a clase durante tres años. Estuvo en París y en Berlín. A su regreso al país fundó la casa de exportaciones Casares & Hijos y una empresa de barcos de cabotaje.

Con barcos de su propiedad burló, en diversas oportunidades, el riguroso bloqueo de las escuadras francesa e inglesa, llegó a Montevideo y volvió a Buenos Aires con los víveres y provisiones que la ciudad requería. En cierta ocasión cayó prisionero, pero el almirante Maccan, del que se había hecho amigo en los años en que pasó en Londres, lo puso en libertad.

Cuando Rivadavia se expatrió, un barco de Casares lo llevó a Europa. De los diez hijos que tuvo, el mayor fue mi bisabuelo, Vicente Eladio. El comienzo de vida fue romántico, ya que para casarse con su novia, María Ignacia Martínez (de Hoz), debió raptarla. En la familia se dice que ella era demasiado joven; tenía, sin embargo, veintiún años, lo que no es demasiado joven para ahora y lo que entonces no estaba lejos de una edad provecta. Guardo las cartas de amor que se mandaron. Abundaban en errores de ortografía e invariablemente comenzaban: «Querido amigo de mi corazón». Vicente E. fue estanciero y banquero; esto último le venía en la sangre Murrieta; hasta después de la primera guerra mundial hubo en Londres un Murrieta Bank. Mi abuela, cuando se refería a los suegros, los llamaba el señor don Vicente y misia María Ignacia. La quinta de los Casares ocupaba la manzana que está entre las calles Catamarca, Chile, Jujuy y México.

Mi abuela Hersilia Lynch de Casares escribía su nombre con H y S y consideraba que las que firmaban con E y C eran socialmente inferiores. Tenía, por lo demás, la convicción de ser la única persona con derecho a escribir el nombre con H y S. Era hija de Patricio Lynch, militar irlandés a quien Carmen Videla, durante las invasiones inglesas, salvó la vida; había caído herido, un soldado de las fuerzas defensoras iba a embestirlo con su bayoneta, cuando Carmen Videla se interpuso. Estuvo prisionero en la estancia La Trinidad, en Monte; el coronel Núñez, encargado de la custodia, le permitía entrevistarse con Carmen Videla, que fue su prometida y su mujer.

Los Lynch eran unitarios. Un coronel Lynch fue degollado por la mazorca cuando se disponía a partir al exilio en Montevideo. La familia tenía un juego de porcelana con bordes celestes, de los que conservo unos pocos.

Hay un Lynch, tío abuelo mío, cuya vida me parece que sugiere más de una fábula con moraleja. En su juventud era considerado un «calavera» y en algún momento, quizá para dar lustre a sus farras, se fue a París. Allá se casó con una vendedora del Bon Marché. Este hecho lo obligó a vivir en París, porque sus hermanas no querían alternar con esa cuñada. Según mi padre y Miguel Casares, la vendedora del Bon Marché tenía un extraordinario parecido con sus cuñadas.

Cuando lo conocí, Justiniano era un hombre que me parecía viejo, de piel oscura, grisácea, de bigote gris, voz nasal y más o menos permanentes guantes de género gris. A mi padre solía regalarle unos cigarros que según él eran sus preferidos, pero que en realidad mi padre aborrecía.

En los años cuarenta volvió a Buenos Aires y edificó frente a la plaza Vicente López una casa que abundaba en artefactos mecánicos concebidos con la intención de facilitar la vida. A pocos meses de instalarse en ella, murió.

A una de mis tías abuelas la recuerdo por una circunstancia vinculada al dulce de leche. Como éramos los dueños de La Martona, diariamente llegaban a casa de mi abuela tarros de dulce de leche y demás productos similares. Muchas veces oí el siguiente diálogo entre Antonio, el mucamo del comedor y mi abuela:

Antonio: Ya hay varios tarros para mandar a la señora...* Están con puntitos blancos.
Mi abuela: Mándelos, nomás, Antonio. Mándelos.

Mi abuelo Vicente L. Casares viajó por Europa, de donde trajo numerosos cuadros, en mi opinión

---

* Una hermana de mi abuela.

horribles; fue presidente de bancos (entre otros el de La Nación, que se debió a un proyecto suyo), estanciero, exportador, importador de hacienda de raza lechera y de carne, y en un impulso en que se mezclaban su preocupación por la mortandad infantil con su anhelo de emular a industriales ingleses y norteamericanos, fundó La Martona. Cuando murió, la familia, que se creía muy rica, se encontró en estrecheces y, para evitar mayores gastos, mandó a mi abuela por dos años a Francia. Fue amigo íntimo de Pellegrini, de Ezequiel Ramos Mexía y de Roque Sáenz Peña, quien dice: «Vicente fue un hermano para mí».

Con soberbia de inventor de historias yo creí que la aventura se daba únicamente en las novelas y también, quizá con menos contundencia, en la vida de unos pocos seres. Ahora sospecho que si uno remonta la historia de cualquier familia la encuentra. Aun en familias de banqueros y comerciantes. Tenía razón mi madre cuando me decía que leyera libros de historia.

Historia de mis libros

26

Elena Garro persuadió, en 1955, a compatriotas
suyos de que publicaran *Historia prodigiosa*. El libro apareció en México, por la editorial Obregón,
en 1956. La primera edición argentina, de Emecé,
de 1961, incluye un cuento más: «De los dos lados». La descripción del hotel de «Historia prodigiosa» la pasé de una carta que con ese fin me
mandó mi amiga María Luisa Aubone. Dos temas
a los que suelo volver aparecen en ese cuento: el
de las máscaras y el de la liberación de las inhibiciones, por el anonimato de las máscaras o por
la presencia de un dios o de una fiera. «La sierva
ajena», otro relato del mismo libro, es una nueva
versión de «Cómo perdí la vista», uno de los cuentos de *Luis Greve, muerto*. En «De los dos lados»
hay recuerdos de infancia, siempre difíciles de mane-
jar en la ficción: por un inexplicable proceso, el encanto que tienen en la memoria del autor adquiere
una dulzura repugnante en la página escrita.

Algunos cuentos de *La trama celeste* y de *Historia prodigiosa* me entristecieron. Los escribí con
la convicción de siempre, pero después, en las re-

lecturas, me parecieron demasiado fabricados. Me dije que había aprendido un oficio y que lo ejercía maquinalmente. En un día de otoño, caminando entre los pinos de Punta del Este, llegué a la conclusión de que yo había escrito bastante sobre lo que no entendía y nadie entendía y que era hora de escribir sobre lo que entendía un poco. Quise pasar del género fantástico a hechos de la vida, sobre todo a historias sentimentales. Es claro que yo había leído en el *Ulises* que el sentimental es el que habla de lo que no profesa. Y sentía que esa definición del sentimental me correspondía perfectamente. Escribí entonces los cuentos que integraron *Guirnalda con amores*, que yo después reuniría con otros en *Historias de amor*. Esas historias de amor merecieron que el traductor italiano Giuliano Soria las titulara (muy justamente, en mi opinión) *Storie con e senza amore*. Los cuentos de *Guirnalda* son más breves y más directos, menos compuestos que los de *La trama* y de *Historias*. Escribirlos me llevó menos tiempo... Hay lectores que los prefieren y hay lectores que los rechazan. Tal vez el estilo de estos cuentos quedó fijado por dos de ellos —«Historia romana» y «Una aventura»— que sus heroínas me contaron, mejor dicho, me regalaron, para que los escribiera.

Guirnalda con amores es quizá un primer, tímido intento de publicación de misceláneas, género que me gusta y que mis interlocutores más inteligentes suelen rechazar con menosprecio. Si alguien publica una miscelánea, el comentario suele ser «A Fulano ya se le secó la imaginación. Está publicando tiras y piolines que encuentra en sus cajones». Cuando apareció *La vuelta al día en ochenta mundos*, algún admirador de Cortázar se lamentó de que ya se viera obligado a publicar algo así. Para mí *La vuelta al día* es uno de los libros más gratos de Cortázar, sólo comparable con sus libros de cuentos. Cuando (alguien, no recuerdo quién) publicó un libro de ese estilo, Borges observó que el autor sin duda se creía muerto, porque había empezado a publicar obras póstumas. Yo creo que todas estas consideraciones éticas quedan invalidadas por un hecho hedónico que el mismo Borges solía alegar: hay, entre las misceláneas, libros gratísimos, como los *Note Books* de Samuel Butler, como los escritos breves de Stendhal y los *Diarios* de Benjamin Constant. Es claro que a lo mejor yo soy un hombre que nació cansado, y que por sus limitaciones necesita a veces esos libros que se abren al azar y en los que siempre se encuentra algo más o menos memorable. Aprovecharé la mención de mi cansancio para traer un recuerdo de Leonor Acevedo, la madre de Borges. A los noventa y seis años me dijo: «No estoy tan bien como decís. Ahora sé lo que siente la gente cuando dice que está cansada. Antes yo me preguntaba ¿qué sentirá?».

Algún día publicaré *Diario y fantasía*, un volumen de cuentos breves, dísticos, sueños, reflexiones, que seleccionaré de mis diarios y de mis cuadernos de apuntes. Los dísticos son mi primera gimnasia matutina. La verdad es que me contento con poco: alguna gracia, no necesariamente nueva, expresada en verso fluido, de acentuación justa.

27

En el cuento «El lado de la sombra» hay elementos autobiográficos. Recuerdos vívidos del puerto de Santos, primero lo oído por la mañana, desde la cabina, después lo visto desde la cubierta de los barcos que hacían la travesía entre Buenos Aires y Europa; nostálgicos, de la ciudad de Ginebra y del Hotel Royal, de Evian, donde pasé días felices en 1951; todavía no era la estación y, para recibir a la clientela, cortaban con grandes guadañas el pasto, alrededor del hotel, muchachas rubias y estatuarias, en mi recuerdo lindísimas; había olor a pasto cortado. En el origen de la trama de este cuento está la idea del eterno retorno y la angustia de no saber si una persona entrevista más o menos fugazmente es la que uno quiere u otra. A esta altura de la vida ya ignoro si tal situación me atrae a causa de *El gran juego* de Feyder o si la película me gustó por encontrar en ella una situación que ya me cautivaba. A mi padre, que leyó el cuento poco antes de morir, le gustó mucho. Yo me alegré, me dije que tal vez ahora estaría más tranquilo en cuanto al camino que eligió su hijo;

las letras en lugar de la abogacía y la consideración que la sociedad reserva para el hombre serio. A lo mejor en esto peco de presuntuoso y de creerme el centro del mundo. Probablemente para un padre, un hijo ya hombre, por más querido que fuera, salió de sus esperanzas y de sus planes. Pensé también que por deformación profesional yo atribuía una decisiva importancia a una pieza literaria, lo que probablemente sea absurdo. A lo mejor hay vanidad y ceguera en creer que un buen cuento puede compensar la desilusión de un padre por los yerros del hijo. En todo caso mi madre, como alguna vez lo referí, murió probablemente convencida de que su hijo defraudó·las esperanzas despertadas por *La invención de Morel.*

En «La obra» hay recuerdos de ciudades junto al mar, visitadas fuera de estación, en días destemplados y ventosos. E.P., de la dedicatoria de ese cuento, no fue una mujer amada, como creyeron unos pocos lectores, sino una suerte de lobo de mar, Enrique Pucci, el concesionario de un balneario entre el puerto y el Cabo, con el que mantuve muchas amistosas conversaciones en mis largas y repetidas temporadas en Mar del Plata. Creo que el orgullo que Pucci sentía por su obra, toldos que armaba y desarmaba, caminos de tablas en la arena, es una apta metáfora del que los escritores sentimos por la nuestra.

De pocas historias me sentí más seguro, después de escribirlas, que de «Cartas sobre Emilia».

La mandé a un concurso de la revista *Life*, en la convicción de que la premiarían. Premiaron «Ceremonia secreta» de Denevi. Leí el cuento por recomendación de una amiga y pensé inmediatamente que el jurado había obrado con acierto, pero sigo creyendo que «Cartas sobre Emilia» es un buen cuento. Nadie hasta ahora me lo comentó con aprobación.

En «El calamar opta por su tinta» imaginé la vida en un pueblo de la provincia de Buenos Aires. La vida en pueblos o en barrios me gustó siempre; los pueblos de la provincia de Buenos Aires son mi fragmentada patria chica. Si «El calamar» está escrito sarcásticamente, no es por desamor. A despecho de mis intenciones soy un escritor satírico y el que es así suele reírse de lo que más quiere: algo que los hombres de otra índole no entienden ni perdonan. No alardeo de ser satírico; sé que la modalidad no es original. No recuerdo qué latino observó: «Todos escribimos sátiras».

Un crítico señaló extraordinarios paralelismos entre «Un viaje o El mago inmortal» y un cuento de Cortázar. Yo sentí esa coincidencia como una gratísima prueba de afinidad entre dos amigos. Quiero agregar que en mi cuento hay recuerdos de Montevideo, ciudad que siempre extraño.

En «Un león en el bosque de Palermo» vuelvo al tema de la liberación de inhibiciones por la presencia de un dios o de una fiera o por la impunidad que dan los disfraces. El club es el de toda mi vida, el Buenos Aires Lawn Tenis, y el gallego, un tal Lorenzo que atendía el vestuario y nos vendía horribles perfumes de su fabricación. Releí el cuento últimamente y lo encontré mal escrito; procuré corregirlo.

«Cavar un foso» es la historia de un amor y de un asesinato. La hostería se parece a las muchas en las que estuve a lo largo de la vida, en mis habituales sesiones de soñar despierto. Basados en este cuento se hicieron por lo menos tres filmes de televisión: uno, muy bueno, de Lozano Dana, para la televisión argentina; uno, que no vi, francés, con el título cambiado, que se pasó por la segunda cadena de la televisión francesa; al tercero, ay, lo vi: tal vez cansados de sus repetidos aciertos, los españoles quisieron hacer una excepción con mi historia.

«Cuervo y paloma del Doctor Sebastián Darrés» me valió una reprimenda de Ulyses Petit de Murat: «Que escribas buenos cuentos no te autoriza a escribir una imbecilidad así». No me enojé. Ni siquiera pensé que los «buenos cuentos» eran sobre todo las buenas palabras que hacían viable el inmediato mazazo. Me acordaba quizá que una vez estuve por decirle a Cortázar que él y yo y todos los escritores a veces no sabíamos discernir cuál historia valía la pena de ser escrita y cuál no y que otras veces no sabíamos hacer ver al lector aquello que nos indujo a escribir una historia.

176

Siempre tuve a «Los afanes» por uno de mis mejores cuentos. Françoise Rosset, mi traductora francesa, lo tradujo a regañadientes, porque le parecía indigno de la antología titulada *Historias fantásticas*. Me sentí un poco perplejo, porque la sé inteligente y porque mis historias le gustan. Es probable que el acierto o el error dependan de muy delicados énfasis circunstanciales. Si nos quedamos cortos, la historia es inoperante; si se nos va la mano, escribimos una caricatura.

28

La historia de «El gran serafín» parte de ima-
ginaciones mías en una mañana de sol implacable,
junto a los bajos acantilados de la playa de Santa
Clara. Imaginé que grandes cetáceos quedaban
muertos en la playa, mientras el mar se retiraba y
dejaba a la vista un fondo pantanoso con irisados
globos de agua y aire. Borges solía decirme que si
uno partía de una situación, armar toda la historia
correspondiente era un trabajo cuesta arriba. A mí
la de «El gran serafín» no me costó demasiado esfuerzo. Porque la imagen de los cetáceos muertos
y del mar en retirada era sórdida, la compensé con
Neptuno que salía de las aguas y presidía unas
carreras por la playa. Cuando el protagonista lo fe-
licita por el espectáculo, el dios tristemente le con-
testa: «Es el último». Así entra en la historia la idea
del fin del mundo, cuyo proceso jalonan los ale-
jandrinos de doce sílabas, de la cántiga de Villa
Sandino, que empieza:

Amigos, ya veo acercarse la fin...

Sobre el fin del mundo me hablaba un anglo-porteño, del club Belgrano. Después de nuestros partidos de tenis, me confesaba que por una suerte de pura crueldad consiguió el puesto de verdugo de los animales en un frigorífico: llegaban a donde él estaba con un gran martillo de fierro, e iba matándolos de un martillazo en la cabeza. El anglo-porteño, un muchachote pecoso y pelirrojo, muy grande, pasó de esa orgía de crueldad a la mansedumbre por un sueño que tuvo, que le reveló la proximidad del fin del mundo. A pesar de que esto era su preocupación constante, no podía imaginarlo. Por lo menos, no podía imaginar su propia desaparición y se veía a sí mismo como un futuro sobreviviente que iba a contar el fin del mundo a otros sobrevivientes. En mi cuento, una de las pocas personas que lo admite, quizá la única, resuelve a último momento exponerse a la furia de matones para salvar a una chica boba de una desilusión, que por cierto iba a ser fugaz. Me pareció bien que el cuento, y desde luego también el mundo, concluyeran con un homenaje a la compasión, desesperado y gratuito.

En «Ad Porcos» hay recuerdos y nostalgias de Montevideo. «El don supremo» está situado en el Buenos Aires Lawn Tenis Club, a cuyas canchas, coloradas y blancas, me gustaría volver, en el cielo. «La tarde de un fauno» ofendió a la gente de una ciudad querida, donde pasé temporadas, a veces dolorosas, que me dejaron recuerdos gratos. Generalmente uno sitúa sus historias en parajes que quiere; esta conducta, para el escritor satírico, es peligrosa. Como un Midas menos deslumbrante, volvemos cómico lo que tocamos. Un amigo me dijo que del recuerdo de la muerte de su madre, una pérdida de la que nunca se había repuesto, no podía omitir las figuras de su padre, a quien quería entrañablemente, y la del médico de familia, un amigo a quien respetaba mucho, trajeados de etiqueta y tiesos como dos muñecos.

Si me preguntan cuál de mis cuentos prefiero, probablemente diga «Los milagros no se recuperan». De los dos relatos que lo integran, el primero se basa en un hecho real. Cuando viajé, en 1949, entre Nueva York y Southampton, en el *Queen Mary*, viajaban en ese barco Somerset Maugham y una o dos personas idénticas a él. En la rada de Cherburgo pude ver a uno de ellos en la lancha que llevaba pasajeros al puerto y en el barco a otro. La segunda parte del cuento, un *mea culpa* de varón altanero y equivocado, y un desagravio a las mujeres, proviene, como otras historias que he escrito, de *El gran juego*, película francesa, de Feyder, y de mi cuento «Luis Greve, muerto», que resultó un primer borrador de la serie.

«El atajo» se me ocurrió una tarde en que veía, en el campo, los efectos de un cambio de luz, después de una lluvia. Veía el pasto vívidamente verde, las vacas vívidamente negras, y los alambrados como líneas nítidas, de color gris azulado.

Pensé que esos cambios de luz podían desorientarlo a uno y, exagerando la idea, hice que mis personajes, en las proximidades de Rauch, pasaran del momento actual a una Argentina futura y parecida al mundo que imagina Orwell. «El solar» proviene, como muchos de mis cuentos anteriores a *La invención de Morel*, de un sueño. Está escrito con frases cortas, bastante torpes. «Las caras de la verdad» refiere la historia de un señor, en un pueblo de campo, que sufre la irrespetuosa alucinación de ver en los animales domésticos y en las aves de corral las caras de prohombres del pueblo y aun de próceres de nuestro pasado.

29

Cuando me presenté ante mi editor con *El gran serafín* —el cuarto libro de cuentos que entregaba sucesivamente— comentó: «¿Otro libro de cuentos? Vos sabés lo que hacés».

No dije nada. Aunque no recurra a declaraciones pretenciosas (como la obra de un escritor merece respeto), estoy persuadido que no voy a modificar planes de trabajo por ninguna consideración externa al impulso de mi mente.

Algún tiempo después de esa entrevista, operaron de amígdalas a mi hija Marta, que por entonces tendría cuatro o cinco años. Como no había almorzado, cuando la vi bien me fui hasta la confitería de El Molino, a tomar té. En otra mesa había un señor, del que guardo un recuerdo imposible: lo veo con peluca y con el pelo teñido. Sea lo que fuera, le debo la primera idea que me llevó, años después, a escribir *El diario de la guerra del cerdo*. Pensé entonces que podría escribir un breve ensayo sobre las armas de que disponemos para contrarrestar el envejecimiento. A la manera del catálogo de las naves de *La Ilíada*, enumeraría y celebraría cada una de las muchas armas eficaces de que dispone el hombre moderno para mantenerse joven y llegaría por último a la conclusión de que no existe ninguna. Mientras pensaba en este ensayo, cuya comicidad consistía en dar primero a manos llenas y después quitarlo todo, reflexioné que yo era un narrador, una persona que volvía más eficaces las ideas cuando las representaba en una historia. La primera historia que pensé escribir sobre este asunto fue un cuento en que jóvenes atléticos y crueles perseguían a viejos gordos, blandos y benévolos, a través de una sucesión de percances y corridas como las de las películas cómicas norteamericanas de los años veinte. El cuento se llamaría «La guerra del chancho». Ese mismo verano, o tal vez el del año siguiente, en Mar del Plata, yo todavía estaba atareado en el proyecto de esa historia y de otra, de antropófagos, que empecé a escribir y pronto abandoné. Temas de situaciones horribles, en ocasiones atraen por el bobo prestigio de la audacia y también por una suerte de comicidad que uno encuentra en imaginar a gente que practica con inocencia actos espantosos. Cuando uno los medita con detención, más aún si los escribe, empieza a sentir un rechazo. El mismo que uno presentía en el lector y que tal vez con maligna soberbia quería inferirle (porque todos tenemos momentos de locura; el que los supera es el cuerdo). Mis reflexiones sobre el tema de la vejez me llevaron a la conclusión de que merecía un tratamiento más delicado y serio del que había previsto. El tema, aunque desagradable, era importante, central a cierta edad para todos los hombres. También necesitaba mayor extensión, para que la novela pareciera una imagen de la vida y no una caricatura, y para compensar las derrotas de la vejez con algún coraje, y la tristeza ingénita, con alguna dicha de amor. Anuncié a mi editor la novela en preparación y le di el título que por entonces tenía, *El compromiso de vivir*. Se mostró satisfecho. A mí me parecía que el título correspondía al argumento y que era poco estimulante. Un norteamericano, traductor de libros argentinos, que en esos días estaba de paso en Buenos Aires, lo encontró pésimo, porque en inglés compromiso significa concesión, componenda, y él ignoraba la acepción española de obligación contraída. Para mí lo peor del título (a más de sumar la idea de obligación, de esfuerzo, a las tristezas evidentes de la historia) era la íntima convicción de ser un sustituto del título auténtico: *La guerra del chancho*. Me decidí, finalmente, por ese título, pero reemplacé chancho, que me pareció una palabra demasiado crasa, por cerdo, que no me convencía del todo, por ser un poco rebuscada y hasta extranjera, para nosotros los argentinos. Borges me dijo: «Vas a tener para siempre un chanchito en la tapa». Introduje entonces la palabra *diario* en el título, porque en una serie de tres la fuerza de cada palabra se diluye un poco. Una noche conté a Peyrou y a

184

Borges el primer capítulo de la novela que estaba escribiendo. Inmediatamente ambos adivinaron el tema.

Ginevra Bompiani, la hija de mi editor en Italia, a quien en el 67, en un viaje entre Milán y Roma, le conté el argumento, después de mayo del 68 me mandó un telegrama que decía: LA HISTORIA DE SU LIBRO ESTA OCURRIENDO. MANDELO PRONTO.

Cuando por fin llevé el libro a mi editor, le dije: «Cambié el título». El editor tomó un lápiz y se dispuso a escribir lo que yo le dijera. Junté fuerzas, di el título y vi en la cara del editor una expresión casi dolorosa. La verdad es que los títulos nos preocupan bastante antes de la publicación; después, si el libro de alguna manera se impone, se admite también el título, como cualquier elemento de la realidad. *Diario de la guerra del cerdo* desde el primer momento obtuvo buenas críticas y alcanzó tirajes importantes. Yo estaba en Europa y recibía de mi editor cartas en que se refería cariñosamente al libro llamándolo *El cerdito*. Uno de mis amigos, novelista de renombre, me comentó con cierta amargura: «No se te puede negar el mérito de haber tenido una idea evidente. ¡El huevo de Colón!».

Como yo creo que la gente se parece en todas partes, hablé a mis editores europeos con una seguridad, insólita en mí, sobre *Diario de la guerra del cerdo*. Me tomaron en serio, me dieron adelantos y consintieron en condiciones excepcionales. El libro no tuvo en Europa el éxito que tuvo en la Argentina; ni siquiera el éxito de otros de mis libros. El editor alemán aventuró una explicación: «Aquí los lectores de libros son personas de edad mediana. Su libro los asusta y no quieren leerlo».

30

En 1968 reuní en un volumen, que titulé *La otra aventura*, algunos prólogos y algunos artículos de crítica literaria. La palabra aventura que amigas mías ven con irritado desdén, porque les sugiere amoríos, seguramente de hombres que se imaginan superiores a las mujeres, para mí evoca las deslumbrantes, las maravillosas peripecias que prometen las novelas del género. No por nada recaigo en la palabra para titular algún otro libro. Y me digo ojalá que pueda escribir muchos libros que requieran aventuras. Entre los míos, *La invención de Morel* no es el que prefiero; pero cuando pienso que la historia empieza con un fugitivo, que llega por el mar, en un bote, a una isla deshabitada, agradezco mi buena estrella, que me regaló una trama que permitía esos elementos novelescos.

En un verano, en Mar del Plata, escribí la *Memoria sobre la pampa y los gauchos*. Mi tal vez presuntuosa aspiración fue rescatar, para la verdad y para el afecto, esos dos temas que un largo manoseo deformaba.

Por aquella época no sé qué enfermedad contrajeron los políticos de mi país que los impulsó a inventar o desenterrar palabras para sustituir las usuales por otras, nuevas u olvidadas que les parecían más prestigiosas. Las reuní en un *Breve diccionario del argentino exquisito*, que firmé con el seudónimo Javier Miranda y que publicaron mis amigos Jorge Horacio Becco y Jorge Iaquinandi. Victoria Ocampo compró un ejemplar en la librería Paner. Al día siguiente, entusiasmada, llamó a Bunge, el dueño de Paner, para preguntarle si sabía quién era Javier Miranda, porque quería escribirle y felicitarlo. Cuando el librero le dijo que era yo, Victoria apenas ocultó su fastidio. En 1978 reedité el diccionario, con un prólogo nuevo, con más palabras y con no pocas enmiendas.

En el verano del 71, en Mar del Plata, ensayé mi mano para el teatro. El género me gusta; para el género fantástico lo creo más adecuado que el cine; me creía bastante seguro para la expresión por diálogos. El resultado no fue bueno. Una comedia política insulsa y, como consecuencia de tantas horas frente a la máquina de escribir, un lumbago definitivo. La comedia se titula *Un bosque, al atardecer* y lleva como epígrafe una frase de Edmund Wilson: «Su comedia *Le candidat* es la única de las obras de Flaubert que no incluye un solo personaje por el que uno pueda sentir la menor simpatía». Un prejuicio contra los políticos me llevó a cometer el mismo error. *Un bosque, al atar-*

decer no tiene personajes, sino fantoches arbitrarios y estúpidos. Lo que les ocurre poco puede importarle a los espectadores o a los lectores.

En el 71 traté de escribir una novela con un tema que meditaba desde años atrás. En la casa de Santa Fe y Ecuador donde vivimos entre el 43 y el 51, se lo referí a Borges, que me dijo: «Es el mejor cuento del mundo». Yo iba a llamarlo *Irse* y, después, *El fondo del campo*. Mientras me atareaba con las dificultades e incertidumbres que encontraba para *El fondo del campo*, se me ocurrió la historia de *Dormir al sol:* completa, con lugar, situaciones y personajes. La nítida realidad en que se me presentaba esa fantasía me atrajo; por el héroe sentía un vínculo simpático y me parecía conocer a los demás personajes. Pensé que no tenía más que redactar la historia como un agradecido amanuense. El lumbago, que llevaba a cuestas, dificultó el trabajo. Dicté la primera parte del borrador a Julia Bulló Perea, una amiga de mi hija, y el resto a Rosie Airas, que me propuso que pusiera al final el primer capítulo, una solución salvadora. En menos de un año, un plazo breve para mis costumbres, entregué el libro al editor.

31

El lumbago, que desde el 49 era una visita que
de tarde en tarde aparecía, se convirtió en mi compañero permanente. Tal vez por verme de pronto
en la inesperada situación de enfermo, sentí anhe-
los de vida frívola. Alguien me habló maravillas de
Aix-les-Bains, ciudad de prestigio mundano. La
idea de combinar la recuperación de la salud con
las posibilidades de una vida frívola, me atrajo. Llegué a Aix en invierno. El hotel era bueno, un poco
viejo, no muy lindo. Las termas recordaban el edificio de la estación Constitución. Mis compañeros
de cura eran obreros y obreras de edad madura.
Con sorpresa descubrí que el barro, las aguas, los
atinados masajes y los prolongados reposos me
mejoraban. El trato y la comida en el hotel eran
excelentes. Aix es una hermosa ciudad de una región de lagos y montañas.

En Aix escribí un capítulo adicional para *Dormir al sol*.

Como leía mucho, me encontré de pronto sin
más libros que *La conciencia de Zeno*, cuyo primer
capítulo me exasperaba. En la librería de una se-

ñora vieja, de la que me hice bastante amigo, no encontraba nada que me atrajera. «No encuentra buenos libros», me dijo la señora, «porque no los tengo. Qué quiere, ¡hay que vivir! La gente no lee. Los libreros vivimos de las obras pornográficas o de turismo gastronómico.» Desde luego, esto era una exageración. En todo caso, únicamente en Francia vi muchas veces a chicos mirando vidrieras de librerías. No tuve más remedio que internarme en *La conciencia de Zeno.* Muy pronto advertí que estaba pasando por una experiencia feliz: el descubrimiento de un libro favorito, de un autor, Italo Svevo, al que me uniría un sentimiento fraternal.

Entre el 70 y el 75 estuve varias veces en Francia. Visité siempre Aix y pasé largas temporadas en Pau.

En esos años me persuadí de que yo era una de esas personas a quienes les va mejor en la vida cuando están ausentes. Por lo menos comprobé, o creí comprobar, que mis editores creían más en mí cuando estaba lejos que cuando veían mi cara. Quizá la timidez, con su corte de torpezas, me convirtiera en mi propio enemigo. Entre las cosas buenas que me ocurrieron cuando estaba ausente, hay una serie de premios: el Municipal de Literatura para *La invención de Morel* (yo estaba en Mar del Plata), el Nacional de Literatura (estaba en Pau), el Premio de Honor de la Sociedad de Escritores (estaba en París). Recuerdo también que yo estaba en París o en Pau cuando se publicó *El sueño de*

191

los héroes, Diario de la guerra del cerdo y *Dormir al sol.*

Entre el 67 y el 77 escribí ocho cuentos que después reuní en volumen. Una mañana le dictaba a mi secretaria, Lola Gallo, este diálogo:

«—¿Con quién se fue la estrella? —preguntó Laura.

»—¿Con quién se va a ir? —replicó don Nicolás—. Con el héroe.

»—El héroe de las mujeres —observó Laura— no siempre es el héroe de los hombres».

Lola me dijo: «Ahí tiene el título para el cuento y para el libro: "El héroe de las mujeres"».

A esta sugerencia debo, sin duda, la buena fortuna del libro con los editores y tal vez, en parte, con los lectores. Por lo demás creo que el librito reúne algunos cuentos que no me salieron mal.

En «De la forma del mundo», por un túnel subterráneo, de no más de veinte metros, se pasa de una selvática isla del Tigre a Punta del Este, que está a unos 400 kilómetros. Nació la idea de una broma que le hice a mi hija (una niñita, por entonces). Pocos meses antes habíamos estado en Punta del Este y mientras visitábamos el parque Peralta Ramos, en Mar del Plata, de pronto me di cuenta de que el parque se parecía al balneario del Uruguay y le dije a mi hija que estábamos en Punta del Este y que por su distracción no había reparado en el túnel por el que habíamos llegado.

Hay gente que me asegura que «El héroe de las mujeres» y «Lo desconocido atrae a la juventud» son dos de mis mejores cuentos largos. «La pasajera de primera clase» no es más que un animado comentario humorístico sobre algún sesgo de la historia contemporánea, y «El jardín de los sueños» tiene un buen ritmo de relato y algunas fantasmagorías que tal vez diviertan. Pero ¿qué sabe un autor de sus escritos? Si continúa escribiendo, los recuerda mal, le faltan tiempo y ganas para releerlos y se atiene a lo que sobre ellos le dijo el último interlocutor.

32

La redacción de *Irse* no avanzaba. Por momentos retomaba el trabajo y por largos períodos lo postergaba. Como pudo prevenirme un proverbio alemán, mientras tanto el diablo metió la cola: entreví la posibilidad de escribir *Una torre en el aire*, otro argumento de novela, con un desenlace parecido al de *Irse*. Tan parecido que por algún tiempo lo llamé el segundo *Irse*, o el *Irse* urbano. Dicté a Lola más de cien páginas. Ella las aprobaba y yo creía que la historia valía la pena; sin embargo, tuve que dejarla porque la escribía sin convicción. Con los dos *Irse* me pasó lo mismo: en algún momento de la composición, me preguntaba si la otra versión no sería mejor. Tuve que darle la razón a Johnson, que dijo que era muy difícil acrobacia para un jinete de su mismo nombre: cabalgar en dos caballos.

Sobre el título de *Irse:* a una amiga mía, una amiga le dijo: «Yo que vos desconfiaría de un hombre que planea un libro que se llama así». También confesaré que por razones totalmente supersticiosas, con el tiempo me sentí menos dispuesto a publicar un libro en cuya portada se leyera: Adolfo Bioy Casares, *Irse*. Desde luego me pareció más valiente Eric Ambler, que titula su autobiografía: *Here lies Eric Ambler*.

Recuperé el valor escribiendo cuentos. El primero fue «El descubrimiento», que publiqué con otro título en la revista *Vogue;* «Un viaje inesperado», que escribí en 1980, fue un comentario burlesco sobre el patriotismo meteorológico, que sentí muchas veces, y que con algún masoquismo hallé en la persona del héroe, cuyo modelo fue un criollo Rossi, director técnico, *avant la lettre*, del club de chicos KDT, que nos llamaba reclutas con su furibundo vozarrón y que era muy querido por todos nosotros. El primer entierro al que asistí, el único por mucho tiempo, fue el de Rossi, en Chacarita. Recuerdo un largo cortejo y el largo viaje en un oscuro coupé, tirado por dos caballos. También fue modelo del protagonista de este cuento un vecino mío, con el que solía conversar: un teniente coronel retirado, correntino, muy criollo, muy sólido a los ochenta y tantos años, pariente de algún otro militar que dio su nombre a tierras antárticas. Solíamos caminar por el barrio. Deplorábamos los gobiernos que tocaban en suerte a nuestro país (creo que era radical) y me contaba episodios de la guerra de la independencia y de las guerras civiles. Me regaló un libro de Kipling, en traducción, y *Buenos Aires y la cuestión Capital* de Eduardo Gutiérrez. Se me ocurrió la idea del «Viaje inesperado» por un largo período de calor que nos tuvo a mal traer en Buenos Aires, hasta fines de marzo del 80. Cuando cayó la primera lluvia la gente bailaba en las calles.

Después escribí «Máscaras venecianas», un cuento que me salió bastante bien. Tiene algún secreto saludo a Byron, cuyos doce volúmenes de correspondencia fueron mi deleite por aquellos días. Empecé a añorar el ambiente vivido cuando trabajo en mis novelas: la dedicación a una sola historia, por un tiempo más o menos largo, y el esfuerzo que en definitiva exige para acabarla, que llega a ser como un intenso amor por la literatura. Me puse a escribir una historia que solía contar a mis amigos. Un fotógrafo de pueblo de campo va a pasar unos días a la ciudad, para fotografiarla. Como lo exige el clásico tema de la ciudad y las sierras, el héroe encuentra amores y peligros, pero en mi novela se libra de los peligros y hace a un lado los amores para seguir la vocación. Tuve que descubrir por experiencia una verdad que seguramente todos saben. Hay largo trecho entre la versión oral de una historia y la versión escrita. Que la versión oral sea aprobada no es una garantía. Cuando concluí *La aventura de un fotógrafo en La Plata* sentí la añoranza de un grato ejercicio de invenciones que supone una serie de cuentos y me puse a escribir «La rata o una llave para la conducta», «El relojero de Fausto», «Trío», «El cuarto sin ventanas» y «El Noúmeno», que incluye una suerte de homenaje a Cancela, a quien le debo un tipo de personaje porteño y unas vastas caminatas por un Buenos Aires que a lo largo de ellas se vuelve fantasmagórico. La publicación de «La rata», en *La Nación*, tuvo para mí una repercusión bastante extraordinaria. En cuanto a la historia de «El relojero», un amigo me hizo ver que era una variante de otras historias que yo había escrito. Por más cuidadosos que seamos, nos conviene el consejo de quien mira desde afuera. Desde luego no lo seguí hasta el punto de olvidar ese cuento, que ya he escrito y no me parece mal. De las historias que integran el cuento «Trío», una es más o menos autobiográfica. «El cuarto sin ventanas» trata de una de las primeras preocupaciones filosóficas, o tal vez cosmográficas, de mi vida: el anhelo de imaginar el límite del universo. No creo que el chico que fui hubiera considerado mi cuento como una respuesta satisfactoria.